JN099407

山田康弘 編
日本史史料研究会 監修

戦国期足利将軍研究の最前線

山川出版社

はじめに――なぜ、戦国期の足利将軍に注目するのか？

一　「天下統一」生成の謎

本書は「戦国時代の足利《あしかが》将軍について、これまでの研究で何がわかってきたのか」ということを、主として初学者のために解説したものである。

今から四、五百年ほど前の日本列島の社会を、現代の歴史研究者は「戦国時代」と呼んでいる。そして、この戦国時代の日本列島では「戦国大名」――現代の研究者たちがそう呼んでいる、有力な武家領主たちが列島各地に割拠し、互いに戦い合っていた。いわば「戦争の時代」だったわけである。

もっとも、戦国時代といえども、戦いが日常的に起きていたわけではなかった。というのは、大名たちはしばしば戦争を避け、互いに協調し合ってもいたからである。しかし、「いつ戦争が起きてもおかしくはない」――そのような状況にあった。

こうした状況は、戦国時代の末、一五六〇年代ごろから大きく変化していった。それは、織田信長《おだのぶなが》（一五三四～八二）や豊臣秀吉《とよとみひでよし》（一五三七～九八）、徳川家康《とくがわいえやす》（一五四二～一六一六）らが登場したからである。彼らは圧倒的な武力と経済力とを持ち、これを使って大名たちを次々に服属させていった。その結果、日本列島にはいわゆる「天下統一」が実現し、これまでのような「いつ戦争が起きてもおかしくはない」という状況は解消されていった。そして、それは現在に至るまでそのまま維持されているのであり、さすれば天下統一とは、「現在における日本列島社会の原型をつくった」といっても過言ではあるまい。

では、このような天下統一は、いかにして生み出されていったのだろうか。

じつは、この問題は現代の日本歴史学でも、なお十分には解明されておらず、いわば〝歴史学最大の謎〟として残されている。したがってわれわれは、天下統一生成のメカニズムを解き明かさねばならない。では、この難問を解き明かすにはどうしたらよいのか。

それには、やはり「戦国時代の日本列島社会は、どのような姿をしていたのか」ということをまず解明することが大切といえよう。なぜならば、天下統一という現象は、戦国期の日本列島社会から生成されたものであり、したがってこの列島社会の中にこそ、「天下統一生成の謎を解くヒント」が隠れ潜んでいるにちがいないからである。

では、いったい戦国時代の日本列島社会とは、どのような姿をしていたのだろうか。

二　足利将軍に注目する理由は何か

一般には、戦国時代とは応仁《おうにん》の乱《らん》（一四六七〜七七年）以降とされている（本書も、さしあたってそ

れにならう）。そして、近代的な歴史学が日本で定着した明治時代の昔より、

①応仁の乱以降、これまで武家の頂点に君臨していた足利将軍は、もはや権力を喪失し、有力者の傀儡《かいらい》（＝あやつり人形）に成り果ててしまった。

②各地の大名たちは、将軍の意向をまったく受け入れなくなり、その結果、足利将軍の威令《いれい》はせいぜい京都とその周辺にしか及ばなくなった。

とされてきた。こういった見方が明治以降、いわば定説として信じられてきたのだ。

しかし、この定説は本当に正しいのだろうか――。

この点について本格的な再検討が始まったのはわりあい最近で、一九九〇年代である。そしてその結果、意外な事実が新たにわかってきた。すなわち、「足利将軍は戦国時代においてもけっして傀儡ではなかった」ということが明らかになったうえに、「戦国期の将軍は、各地の大名たちに対して、なお一定程度の影響力を保持していた」ということもわかってきたのだ。

つまり足利将軍は、たんに京都やその周辺だけの存在ではなかったわけである。

このことは「戦国時代の日本列島社会は、どのような姿をしていたのか」という問題を考える際、足利将軍は無視してよい存在ではない、ということを示している。つまり、天下統一生成の謎――現

代歴史学における最大の難問を解き明かすうえで、足利将軍をきちんと位置づける作業は避けて通れない、というわけである。そのことが次第に明らかになってきたのだ。

こうしたことから、研究者の間では、戦国期の足利将軍が少しずつ注目されるようになっていった。そしてそれにともない、さらにさまざまなことが明らかになってきた。

では現時点において、どのようなことが明らかになっているのだろうか。本書は、この点を最新の「戦国時代の足利将軍研究」――最前線の研究成果をふまえつつ平易に解説したものである。

以下、本書の内容構成を簡潔に述べておこう。

三　本書のラインナップ――各章でどのようなことを語っているのか

まず**序章「知られざる七人の戦国期足利将軍たち」（山田康弘）**では、戦国期（応仁の乱以降）に登場した七人の足利将軍の経歴を簡単に紹介しておきたい。

七人とは、九代義尚《よしひさ》（一四六五〜八九）、十代義稙《よしたね》（一四六六〜一五二三）、十一代義澄《よしずみ》（一四八〇〜一五一一）、十二代義晴《よしはる》（一五一一〜五〇）、十三代義輝《よしてる》（一五三六〜六五）、十四代義栄《よしひで》（一五三八？〜六八）、十五代義昭《よしあき》（一五三七〜九七）である。このうち、最後の将軍・義昭は比較的著名であるが、他の将軍についてはあまりご存じない読者も多かろう。そこで、本書の内容理解を促進するためにも、最初にこれら七人の将軍について解説する。

そのうえで、戦国期の足利将軍に関する各テーマを、第Ⅰ部から第Ⅲ部に分けて論述していく。

◆第Ⅰ部「室町時代から戦国時代へ」では、「応仁の乱」直後の状況と「明応《めいおう》の政変《せいへん》」（一四九三年）という、戦国初期に惹起《じゃっき》した大事件について述べていきたい。

第一章「「応仁の乱」後、足利将軍家は没落したのか？」（小池辰典）では、応仁の乱直後に将軍として活躍した足利義尚（九代将軍）・足利義稙（十代将軍）の二人を取り上げる。この二人の将軍は、いずれも多くの大名たちを率いて近江国《おうみのくに》（滋賀県）への遠征を敢行したことで知られている。ここでは、この「近江遠征」に論点を絞り、「応仁の乱後、すぐに将軍家は没落してしまった」という定説が、本当に正しいのかを考えていく。

第二章「戦国時代の扉を開いた「明応の政変」とは？」（浜口誠至）では、戦国初期に京都で起きた「明応の政変」を取り上げる。明応の政変とは、十代将軍である足利義稙が家臣によって逮捕・廃位となった事件であり、研究者によっては「戦国時代の始まり」ともされる。いったいこの政変の要因は何であり、どのような影響を以後の足利将軍にもたらしたのだろうか。ここでは、これまで出された学説を紹介しつつ考えていく。

◆第Ⅱ部「戦国期足利将軍たちの〝生き残り戦略〟」では、戦国期の足利将軍がいかにして生き残りを図っていったのか。また、どのような人びとがそうした将軍を支えていたのか、といったことについて、六つの問題を取り上げることにしよう。

第三章「裁判制度からみた足利将軍の実像」（山田康弘）では、足利将軍家における「裁判」に注目する。戦国期でも、将軍家のもとには京都内外のさまざまな人びとから、多種多様な訴訟が持ち込まれ、その解決や調停が依頼されていた。では、将軍家ではこういった訴訟をどのように裁いていたのだろうか。この点を概観していくことで「戦国期の足利将軍は傀儡だった」という、よく知られた定説は本当に正しいのかを検討していく。

第四章「足利将軍の「軍事・警察力」は、どの程度あったのか?」（木下昌規）では、戦国期足利将軍の軍事・警察力の実態について考える。戦国期の将軍は「無力だった」といわれるが、将軍には軍事力が皆無だったのだろうか。もしそうではなかったとすれば、どの程度の軍事力があったのか。また、将軍はお膝元《ひざもと》である京都の治安維持にどうかかわっていたのだろうか。ここでは、こういったことを解き明かす。

第五章「足利将軍から授与された「栄典」は、役に立ったのか?」（木下聡）では、足利将軍が大名たちに授与していた「栄典《えいてん》」（＝称号・爵位）に注目する。戦国期においても、将軍は大名たちの要望を受け、さまざまな種類の栄典を大名たちに授与していた。では、こうした栄典には、どのような種類があり、なぜ大名たちは栄典を欲していたのか。こういった問題を整理して述べていく。

第六章「「大名間の争い」に積極的に介入した足利将軍」（浅野友輔）では、あまり知られていない将軍の役割を紹介する。戦国期の将軍は、大名間で起きた対立・紛争を止めるべく、しばしば和睦《わぼく》命令を大名たちに下したり、和平調停を行っていた。では、こういった将軍の和睦命令・和平調停には効果があったのだろうか。もしあったとすれば、それはなぜだろうか。ここでは、以上のことを解説する。

第七章「武家勢力との絶妙な距離感をたもつ天皇」（神田裕理）では、足利将軍・大名といった武家勢力と天皇・朝廷の関係に注目する。昨年（二〇一九年）、天皇の代替わりがなされたこともあって、天皇への注目度は高まっている。しかし、戦国時代の天皇に関する研究は多くない。そこで、ここでは戦国期の天皇を取り上げ、天皇たちは何をしていたのか、また足利将軍とはどのような関係にあったのか、といったことを、最新の研究成果をもとに整理する。

第八章「足利将軍を側で支えた公家・武家出身の「女房」たち」（奥野友美）では、戦国期足利将軍家の女官《にょかん》を取り上げる。江戸城の「大奥」では、多くの女性たちが徳川将軍に仕えていた。それと同じように、足利将軍にも多くの女性たちが仕えていた。では、彼女たちは足利将軍のもとでいかなる仕事を担い、どのような生涯を送ったのだろうか。ここでは、あまり知られていない足利将軍を支えた女官たちの実像に迫る。

◆**第Ⅲ部「たそがれゆく足利将軍家」**では、戦国期に至り、徐々に滅びゆく足利将軍家のありさまを、三つのテーマに分けて解説していく。

第九章「十三代将軍・足利義輝は、なぜ殺害されたのか?」（山下真理子）では、謎多き「将軍殺害事件」を取り上げる。戦国時代最末期、将軍・足利義輝は、とつぜん京都の将軍御所を襲われ、重臣の三好《みよし》氏らに殺害されてしまった。いったい、なぜこのような事件が起きたのか。また、これまで義輝はどのような人生を歩んできたのか。ここでは、義輝殺害をめぐる研究を整理しながら、事件を概観する。

第十章「足利義昭と織田信長の微妙な関係とは?」（木下昌規）では、最後の足利将軍・義昭に注目する。周知のように、義昭は織田信長と手を組んで京都に進撃し、ついに将軍となった。では、このあとの義昭は信長といかなる関係にあったのだろうか。この問題については近年、さまざまな議論が出されている。ここでは、足利将軍滅亡にかかわる両者の関係をわかりやすく整理する。

第十一章「江戸時代に生きた足利将軍の末裔」（小川雄）では、あまり知られていない「江戸時代の足利氏」を取り上げる。足利将軍家は最後の将軍・義昭の死去によって滅亡したが、じつは足利血《けつ》胤《いん》の者は生き残っていた。では、彼らは江戸時代にどのように生き、いかなる処遇を受けていたのだろうか。ここでは、「平島《ひらしま》」と「喜連川《きつれがわ》」の両足利家を中心に、足利将軍家末裔《まつえい》の「その後」を探っていく。

四　本書のねらい

本書は、かつて洋泉社から刊行された歴史新書yの「最前線シリーズ」の流れをくむものである。しかし本書には、同シリーズの各書においてしばしば見られたような、複雑な研究史の整理や、難解な研究者同士の論争のあれこれ、といったことは、あまり書かれてはいない。また、一般読者になじみのない研究用語を使うこともできるだけ控えている。

これは、あえてそうしたのである。

なぜならば、本書編者の企画趣旨は、本書を、いわゆる「マニア」のためではなく、それ以外の広範な歴史愛好家の皆さんや、戦国史に関心を持っている（またはこれから持つであろう）中学生や高校生といった初学者にも広く読んでもらいたい、というものだからである。

近年、戦国史に関する書籍は数多く刊行されている。しかし、研究者によって書かれた本は、たとえ「一般書」と銘打ったものであっても、かなり難解なものが多い。それゆえ、戦国史には関心があるものの、些末《さまつ》な事実や複雑な論争史といった知識までは求めない、といった人びとや、もともと戦国史に関心はなかったのだが、何かのきっかけ（たとえば、戦国時代を舞台にしたNHK大河ドラマの放映など）で本格的に戦国史の勉強を始めてみたい、といった人たちには、ひどくとっつきにくいものになっている。

こうした状況は問題であると思う。

研究者によって書かれた本は、信頼できる史料を使い、検証と考察、議論を重ねたうえで確定された史実をもとにしている。しかし、このままではこういった戦国史研究の知見は、高レベルの内容でも理解できる一握りのマニアだけのものとなってしまい、それ以外の、はるかに多数派であろう人びとには行き渡らなくなるかもしれないからである。このようなことが続けば、いずれ戦国史研究は一般社会からどんどん遊離し、見捨てられ、ついには一部のマニアを喜ばすだけのものに顚落《てんらく》するだろう。

以上のような問題意識から、本書ではマニアではない、それ以外の多数の人びとを主たる読者に想定し、最新の研究成果を十二分に反映させつつも、できるだけわかりやすく論述していくことにした。各章の執筆者にもその旨を理解してもらい、「難解な事柄をわかりやすく説明することができてこそプロ」と心がけて、平易かつ明快な文章で執筆するように、と依頼した。

なお、本書における各章の文末には、読者の中で戦国期足利将軍の各テーマについてもっとより深く学びたいという方のために、【さらに詳しく学びたい読者へ】という書誌コーナーを設けてみた。

興味の赴くままご活用いただければ幸いである。

二〇二〇年四月二十日

編者　山田康弘

＊なお、足利将軍はしばしば名前を変えたが、本書では煩を避けるため、原則として一般に知られている名前で統一して表記している。

足利将軍家系図

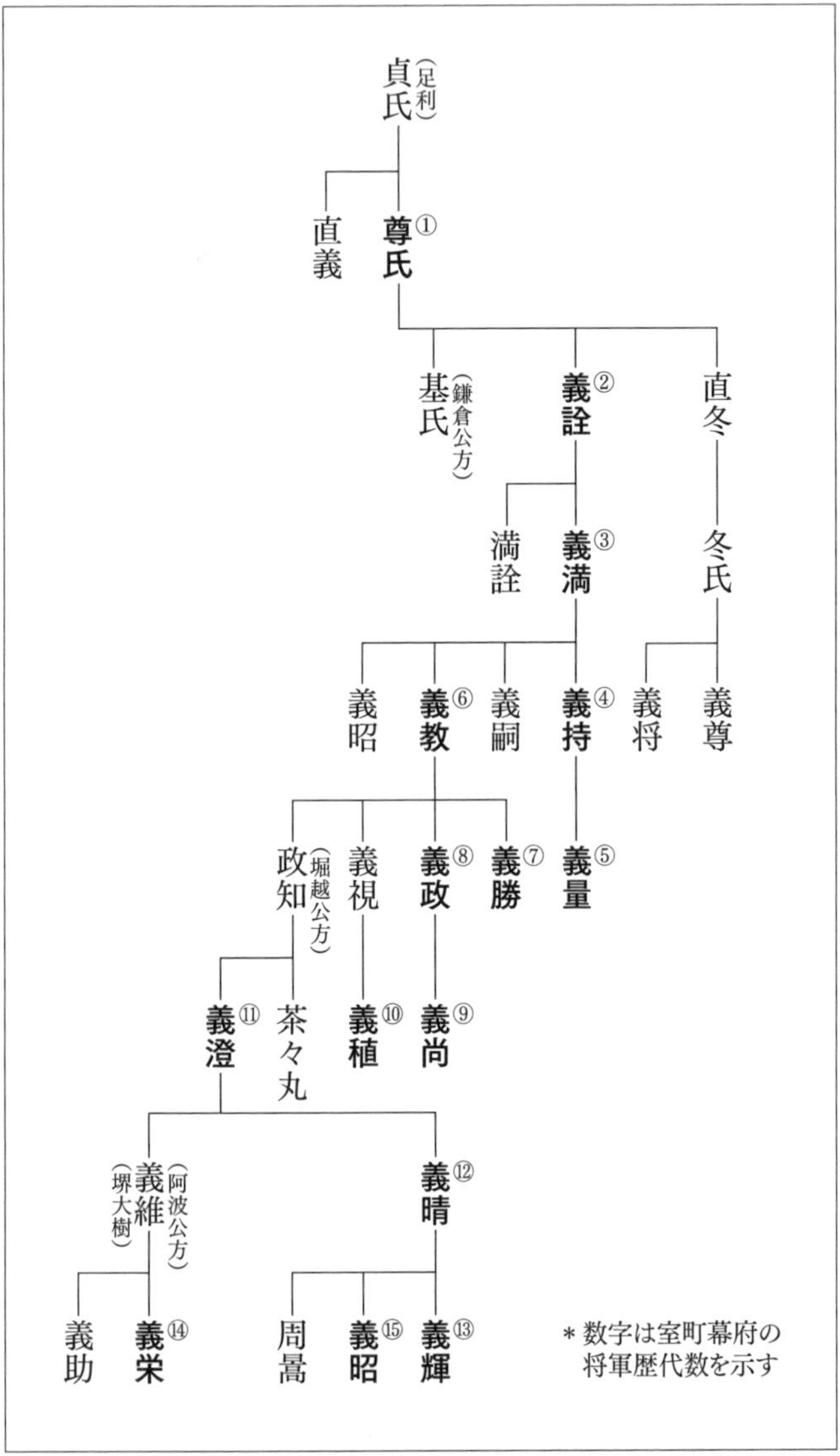

貞氏（足利）
直義
尊氏①
基氏（鎌倉公方）
義詮②
直冬
満詮
義満③
冬氏
義昭
義教⑥
義嗣
義持④
義将
義尊
政知（堀越公方）
義視
義政⑧
義勝⑦
義量⑤
義澄⑪
茶々丸
義稙⑩
義尚⑨
義維（阿波公方）（堺大樹）
義晴⑫
義助
義栄⑭
周暠
義昭⑮
義輝⑬
＊数字は室町幕府の将軍歴代数を示す

戦国期足利将軍関係地図

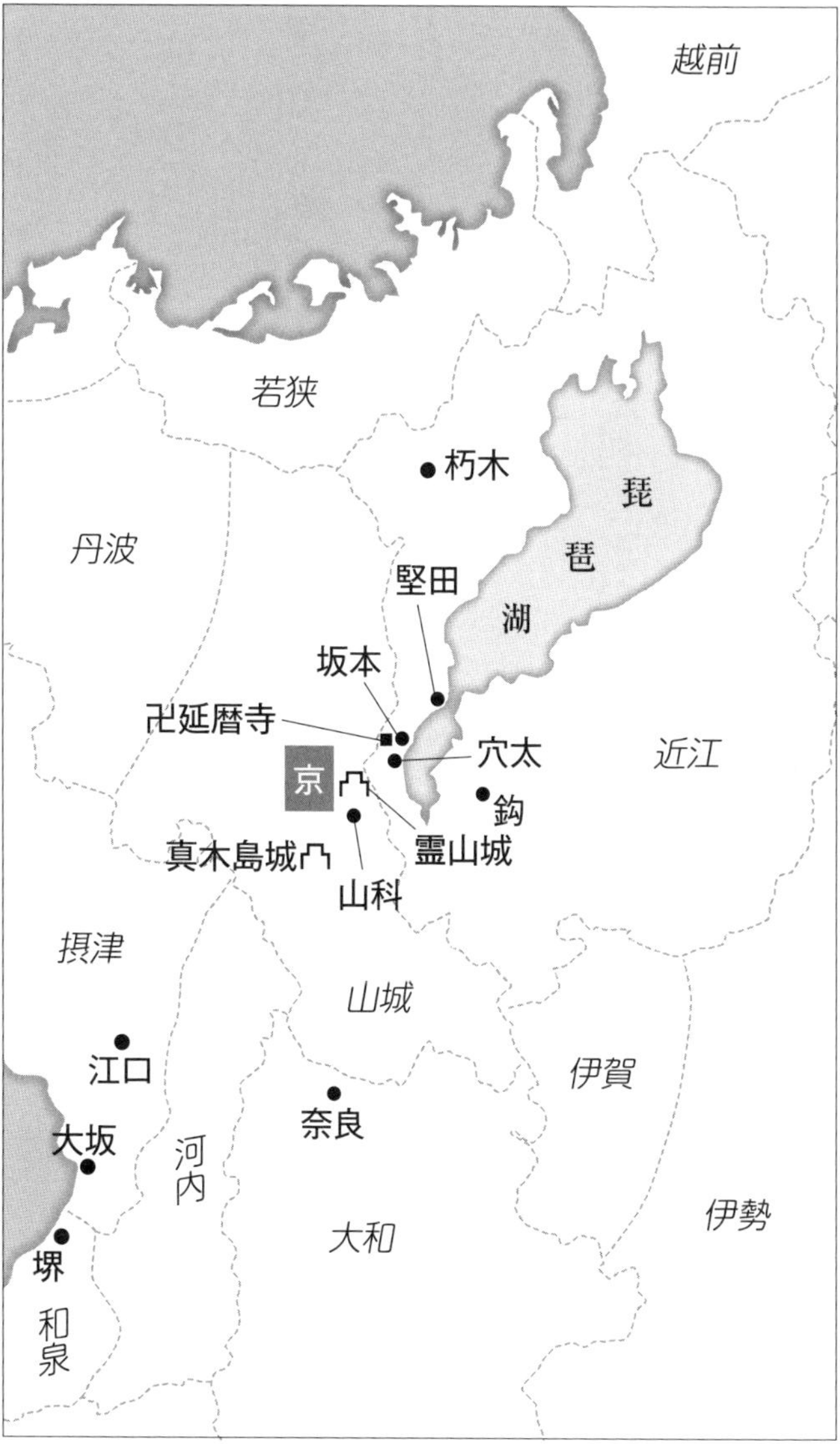

戦国期足利将軍研究の最前線――目次

第II部——戦国期足利将軍たちの〝生き残り戦略〟

第III部 たそがれゆく足利将軍家

序章　知られざる七人の戦国期足利将軍たち

山田　康弘

はじめに――無名の将軍たち

戦国時代の足利将軍は、現代ではきわめて「マイナー」である。それゆえ、読者の中には、戦国時代の足利将軍にはどのような人物がいたのか。また、彼らはいかなる生涯を送ったのか、といったことについて、あまりご存じない方も多かろう。

そこで、この序章では、戦国期に活躍した七人の足利将軍（九代から十五代まで）について、その生涯を簡潔に紹介しておこうと思う。ここでの記述は、各章における内容とやや重複する部分もあるが、将軍たちの経歴のアウトラインをまず読者諸氏に知っていただくことが、本書の内容をよりいっそう理解するうえで重要だと考えた次第である。

いったい戦国期の将軍たちは、足利将軍家を維持するために何と戦い、何に苦しんだのだろうか。そして、どのような生涯をたどったのだろうか――。

九代将軍 足利義尚《よしひさ》
戦陣に散った「若き貴公子」

寛正《かんしょう》六年（一四六五）生まれ～長享三年（一四八九）没
将軍在位：文明五年（一四七三）～長享三年（一四八九）

応仁の乱の最中に将軍になる

足利義尚は、応仁《おうにん》の乱《らん》（京都を主戦場に、十一年間も続いた大名たちの派閥抗争。一四六七～七七年）が勃発《ぼっぱつ》する直前、八代将軍・足利義政《よしまさ》（一四三六～九〇）の嫡男《ちゃくなん》（＝跡継ぎ）として生まれた。そして義尚は応仁の乱の真っ最中に、父・義政の譲りを受けて九代将軍となった。文明《ぶんめい》五年（一四七三）のことである。

9代将軍足利義尚
（鑁阿寺［栃木県足利市］所蔵の歴代将軍坐像。桜野良充撮影。以下同）

もっとも、義尚は将軍就任時、まだ九歳だった。それゆえ、将軍としての政務をすぐに担うことはできず、政務は父の義政や母・日野富子《ひのとみこ》（義政の正妻〔＝御台所《みだいどころ》〕。一四四〇～九六）が代行した。その間、義尚には、未来の将軍にふさわしい英才教育が父母によって施された。

その結果、義尚はやや直情径行《けいこう》的ではあったものの、豪胆さを兼ね備えた武将に成長していった。政治にも強い関心を持ち、それゆえ成人するにともなって、自ら政治を主導することを望んだ。そしてお気に入りの者たち（大館《おおだち》尚氏《ひさうじ》〔一四五四〜?〕ら）を採用し、彼らに枢要な地位を与えて自身が政務を執行する際の手足とした。

そのうえ、義尚は将軍家の意向に順服しない大名たちを攻伐せんとした。

自ら兵を率いて出陣する

応仁の乱以降、将軍の上意（意向）を軽視する大名たちが増えつつあった。

義尚はそうした大名の一人、六角氏《ろっかく》（六角高頼《たかより》〔?〜一五二〇〕）に目をつけた。近江国《おうみのくに》（滋賀県）の大名である六角氏は、上意を軽んじたうえ、近江国内にある義尚近臣たちの所領や、寺社本所領《じしゃほんじょりょう》（＝寺や神社、天皇に仕える公家衆《くげしゅう》などの領地）を武力で奪い取ってもいたからである。

そこで義尚は「自ら六角氏を攻伐せん」と決意し、大名たちに「六角征伐にただちに参陣せよ」との号令を発した。これを受けて多くの大名たちが兵を率い、義尚のもとに参陣した。その結果、兵の総数はたちまち万の単位で数えるほどになったという。将軍家の勢威は応仁の乱以降、次第に衰えつつあったが、なおも大名たちを動員する力はそれなりに残されていたのだ（63頁の表を参照）。

義尚はこうして集まった大軍団を自ら率い、近江に進撃した。そして、たちまち六角勢を大破し、これを南近江の山岳地帯に追い払った。義尚の大勝であった。彼はこれによって驍名《ぎょうめい》を天下に馳《は》せた。時に長享《ちょうきょう》元年（一四八七）、義尚は二十三歳であった（第一章の小池辰典論文を参照）。

義尚を悩ませた二つの問題

しかし義尚はこのころ、二つの問題に悩まされていた。

その一つは、父・義政が政治にしばしば口を出してくることである。義政については一般に「銀閣《ぎんかく》寺《じ》（京都市左京区の慈照寺《じしょうじ》）を創建するなど、芸術・文化には関心を持っていたが、政治には無関心だった」といわれるが、それは事実ではない。義政は、将軍位を息子に譲ったあとも政治に強い関心を持ち続けていた。それゆえ、息子・義尚の政務にしばしば介入せんとした。

義尚はこれに閉口した。そこで、彼は近江で戦勝したあとも、父・義政のいる京都には戻らなかった。近江の陣所（現在の滋賀県栗東《りっとう》市にその陣所はあった）にそのまま留《とど》まり、ここに側近や諸役人を召して自身で政務を執ったのだ。

義尚を悩ませたもう一つの問題は、健康問題であった。彼は近江の陣所でしばしば放埒《ほうらつ》な生活を送ったらしい。口うるさい父母から離れ、タガが外れてしまったのだろうか。しかしこうした生活は、もともと病弱であった義尚の健康を次第に害していった。

二十五歳の若さで死す

この結果、義尚は病に倒れた。近江の陣所で病臥《びょうが》したのだ。

これを見た彼の近臣たちは、義尚を京都に移して養生させようとした。だがタイミング悪く、一時逼塞《ひっそく》していた宿敵・六角氏が反撃の姿勢を見せつつあった。それゆえ、義尚は京都に戻って安息することができなくなった。そうしたこともあって、彼の病状は急速に悪化していった。

そして、義尚はそのまま病床を払うことができず、近江の陣所で薨去《こうきょ》した。時に長享三年（延徳《えんとく》元年〔一四八九〕）のことである。これを知って母の日野富子は悲嘆に暮れたという。義尚の遺骸《いがい》は母・富子に付き添われて近江から京都に戻り、そこで荼毘《だび》に付された。義尚は、まだ二十五歳の若さであった。

十代将軍 足利義稙《よしたね》
逆境に耐えた「不屈の大将軍」

文正《ぶんしょう》元年（一四六六）生まれ～大永《だいえい》三年（一五二三）没
将軍在位・初任：延徳二年（一四九〇）～明応二年（一四九三）
再任：永正五年（一五〇八）～永正十八年（一五二一）

思いがけなかった将軍位

日野富子は、愛息の義尚（九代将軍）を亡くした翌年、夫である前将軍・義政（八代将軍）も病で喪《うしな》った（延徳二年〔一四九〇〕正月）。

しかし、富子にはいつまでも悲しんでいる暇はなかった。将軍も前将軍も死んでしまった今、将軍生母であり、前将軍の正妻でもあった富子が「実質的な将軍家の家長」になっていたからである。それゆえ、彼女が次の将軍を決めなければならなかった（ちなみに、前将軍の義政には、義尚以外に男子は生存しておらず、その義尚には男子がいなかった）。

そこで、富子は新将軍を選んだ。彼女が選んだのは、足利義稙《よしたね》という若者だった（系図参照）。義稙の父は足利義視《よしみ》（一四三九〜九一）といった。彼は前将軍・義政の弟であり、一時は義政の後継候補になったこともあった。しかし、この義視は応仁の乱の際、兄の義政と対立してしまい、乱後に京都から遠く美濃国《みののくに》（岐阜県南部）に没落した。いわば政治的に失脚したのだ。それゆえ、その息子である義稙が将軍になる可能性は、本来はほとんどなかった。

ところが、富子はこの義稙を新将軍に選んだ。それは、義稙の母が富子の妹（日野良子《りょうこ》）だったからだろう。つまり、富子にとって義稙は実の甥《おい》にあたったのだ。

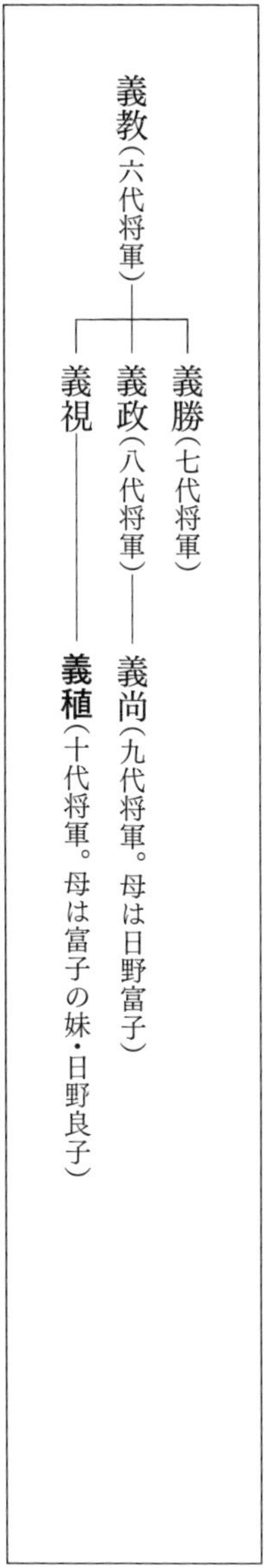

10代将軍足利義稙

こうして義稙が十代将軍となった。延徳二年（一四九〇）のことである。

「強すぎる将軍」への反発

当時、義稙は二十五歳であり、若き将軍は意欲的であった。義稙は次第に衰えつつあった将軍家の勢威を挽回《ばんかい》しようと、前将軍・義尚と同様に外征に打って出た（63頁の表を参照）。すなわち、延徳三年（一四九一）に自ら直臣《じきしん》・大名たちを引き連れ、近江の大名・六角氏を攻伐したのだ（六角氏は前将軍・義尚の親征を受け、いったんは南近江の山岳地帯に逼塞していたが、再びその勢いを回復させつつあった）。

そして、義稙は六角氏に勝利し、たちまちこれを再び南近江の山岳地帯に追い払った。すると義稙は、今度は河内国《かわちのくに》（大阪府北東部・南東部）の大名・畠山氏《はたけやま》（畠山基家《もといえ》〔?〜一四九九〕）を攻伐せんとし、諸大名に再度の参陣を命じた。明応《めいおう》二年（一四九三）二月のことである。そのうえ、このあとは越前国《えちぜんのくに》（福井県北東部）の大名・朝倉氏《あさくら》を討伐しようと図った。

しかし、このような義稙に対し、大名たちからは次第に反発の声が上がった。彼らにとって、義稙から何度も参陣を命じられることは負担が大きく、迷惑至極なことだった。また、大名たちは義稙が勝利を重ねて「強すぎる将軍」になることも好まなかったからである。

すると、こうした状況を見て日野富子は危機感を募らせた。将軍家には直属軍も直轄領も乏しい。それゆえ、将軍家が繁栄するには、大名たちから協力を引き出すことが不可欠だった。ところが、義稙はその大名たちに反発されてしまったのだ。これでは将軍家は危うい――。

そこで、富子はついに義稙を廃することを決断した。

明応の政変で逮捕されるが、脱走す

明応二年（一四九三）四月、日野富子は細川政元《ほそかわまさもと》（畿内《きない》の有力大名・細川氏の当主。一四六六～一五〇七）の協力を取りつけるや、河内に出陣中であった義稙に兵を差し向けた。

この結果、義稙は細川兵にたちまち逮捕され、京都に幽閉《ゆうへい》されてしまった。この事件を「明応の政変」という（第二章の浜口誠至論文を参照）。現職の将軍が臣下の虜囚《りょしゅう》になるなど、前代未聞というべきことであった。

しかし、義稙は捕らわれても、意気消沈したりはしなかった。彼はすぐさま牢《ろう》から脱走した。嵐の晩、監視の目をかいくぐって破牢《はろう》したのだ。そして義稙は京都から北陸に赴くや、ここで周辺の大名たちを味方につけ、たちまち復讐《ふくしゅう》の兵を挙げた。狙うは、自分に代わって十一代将軍となった足利義《よし》澄《ずみ》（一四八〇～一五一一）である。

義稙はしばしば兵を率いて京都に迫り、この将軍義澄を苦しめた。だが、将軍義澄には有力大名の細川政元が味方についていた。それゆえ義稙は攻めあぐねた。その結果、義稙は明応八年（一四九九）、京都近郊で大敗し、遠く周防国《すおうのくに》（山口県東部）に落ち延びていった。

再び将軍になる

だが、義稙はまだ諦めなかった。そうした義稙に天も味方した。

永正《えいしょう》四年（一五〇七）、将軍義澄を支援する有力大名・細川政元が、家臣らによって殺害されたのである。これは、義稙にとっては京都を奪還する大きなチャンスだった。なぜならば、細川政元の横死は、将軍義澄の弱体化を意味したからである。

そこで義稙はこのチャンスを活《い》かすべく、亡命先の周防国でただちに立ち上がった。そして、周防の大名・大内義興《おおうちよしおき》（一四七七〜一五二八）を味方につけるや、大兵を率いて宿敵・将軍義澄のいる京都に向かい、進撃を開始した。

この結果、義稙はついに将軍義澄を京都から近江国に追い払うことに成功した。その後、義稙は京都に入城し、朝廷によって将軍に再任された。時に永正五年（一五〇八）のことであった。義稙は「明応の政変」で将軍の地位を追われて京都を失ったが、ここに、京都奪還をついに果たしたわけである、じつに十五年ぶりの京都であった。この時、義稙は四十三歳になっていた。

こうして「第二次義稙政権」が誕生した。では、京都を追われた前将軍・義澄のほうはどうなったのだろうか。

十一代将軍　足利義澄《よしずみ》
運命に翻弄された「孤高の悲将」

文明十二年（一四八〇）生まれ～永正八年（一五一一）没
将軍在位：明応三年（一四九四）～永正五年（一五〇八）

平穏な少年時代

義稙のライバル、足利義澄は関東で生まれた。父は足利政知《まさとも》（一四三五～九一）といった。この政知は八代将軍・義政の兄である（31頁の系図参照）。しかし、生母の身分が低かったことから将軍にはなれず、僧侶となった。そしてその後、還俗《げんぞく》（＝僧から俗人に戻ること）し、弟・義政の命令で東国支配の大任を担うべく、東国に下った（伊豆国堀越《いずのくにほりごえ》〔静岡県伊豆の国市〕に下ったので、現代の研究者は政知のことを「堀越公方《くぼう》」と呼んでいる）。義澄はこの政知の子息として生まれたのだ。

さて、義澄は八歳になると関東から京都に上り、僧侶になった（天龍寺香厳院《てんりゅうじきょうげんいん》〔京都市西京区〕の僧になった）。長享元年（一四八七）五月のことである。

11代将軍足利義澄

ちなみに当時は九代将軍・義尚の時代（在位一四七三〜八九年）であり、この義尚には跡継ぎとなるべき男子がいなかった。それゆえ、義尚が死んだ時（長享三年〔一四八九〕）、「義澄を次の将軍にしよう」という声もあったようだ。しかし、次の十代将軍となったのは、義澄ではなかった。彼とは従兄弟《いとこ》の関係にある、足利義稙であった。

それゆえ、義澄はこのあとも京都で僧侶として生きることになった。彼はこのまま僧侶として一生を平穏に過ごすはずであった。だが、そうはならなかった。どうしてだろうか。

政変で将軍に就任す

それは、京都で「明応の政変」が起きたからである（明応二年〔一四九三〕四月）。この結果、すでにふれたように十代将軍・義稙は、日野富子や有力大名・細川政元らによって逮捕されてしまった。そして義稙に代わり、富子や政元らによって新将軍に立てられたのが義澄であった。当時、彼は十四歳であった。

こうして、義澄は思いがけなく十一代将軍となった。歴史の檜《ひのき》舞台に立ったわけである。もっとも、このことは彼にとって幸運だったのか、いささか疑わしい。というのは、前将軍の義稙が京都の幽閉先から脱走し、義澄に対して復讐《ふくしゅう》の刃《やいば》を向けてきたからである。義澄はこれにしばしば苦悶《くもん》させられた。しかし、彼は有力大名・細川政元の支援を受け、なんとかピンチを凌《しの》いでいった。義澄には意外な粘り強さがあったのだ。

　とはいえ、義澄は孤独であった。ある時、彼は次のような嘆声を発したという。「大名たちは各地で勝手なことをし、将軍である私を、他人を見るような眼で見る。しかし、私の左右に侍《じ》する者たちは困窮し、改善する手段もない」というのだ（『鹿苑日録《ろくおんにちろく》』明応八年〔一四九九〕八月二十二日条）。いったい、なぜ義澄はかくも孤独だったのだろうか。

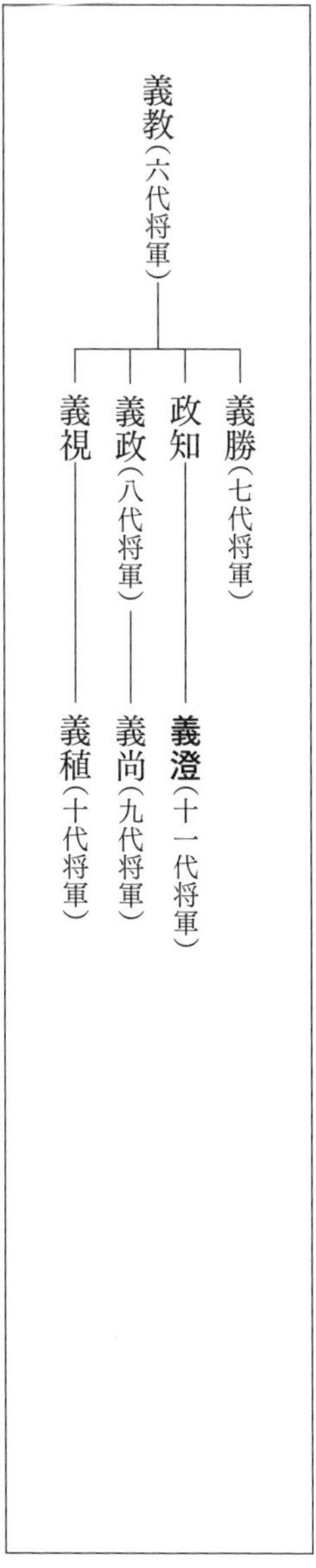

なぜ孤独だったのか

その理由は二つある。

一つは、前将軍の義稙がなおも復讐の機会を狙っていたことである。それゆえ、多くの大名たちは、義稙・義澄のどちらにも積極的に味方しなかった。どちらか一方に味方すると、他方が勝った場合に困ったからである。そこで、大名たちは様子見を決め込んだ。これが義澄を孤独にさせていた。

もう一つの理由は、重臣・細川政元との仲がしっくりいかなかったことである。細川政元は畿内の有力大名・細川氏の当主であり（その勢力圏は、今の京都府から大阪府にかけての広大な地域に及んだ）、義澄にとっては最大のスポンサーだった。しかし、政元は怪しい宗教に凝《こ》り、奇行の多い人だった。そのため、義澄は何度も政元と対立した。このことは、義澄をますます孤独にさせていった。そうしたなか、思いも寄らない凶事が起きた。

細川政元が家臣らによって殺害されたのだ。永正四年（一五〇七）のことである。この結果、細川一門は次期当主をめぐって激しく動揺した。そしてそのスキをつき、またもや前将軍・義稙が京都に攻め上ってきた。

京都を追われ、悶死す

これを見た義澄は、たまらず京都から近江国に脱出した。永正五年（一五〇八）のことである。この結果、前将軍・義稙が京都を制圧し、十五年ぶりに将軍の座に返り咲いた。「第二次義稙政権」の誕生であった。

一方、「前将軍」となった義澄は近江で再起を図った。彼は諦めなかったのだ。幸いなことに義澄に味方する大名たちも少なくなかった。ところが、ここで不運が義澄を襲った。反撃の兵を挙げようとしていたまさにその時、病魔に侵《おか》されてしまったのである。そして、義澄はそのまま病床を払うことができず、ついに近江で悶死《もんし》した。永正八年（一五一一）のことである。享年、三十二であった。ただし、義澄は死の直前、宿敵である将軍義稙を倒すべく、ある布石を打っていた。それは何か――。

十二代将軍 足利義晴《よしはる》

辛苦をしのいだ「隠れた名将」

永正八年（一五一一）生まれ～天文十九年（一五五〇）没
将軍在位：大永元年（一五二一）～天文十五年（一五四六）

父の意向で地方に下る

義澄が打った布石とは、まだ幼かった二人の子息を、自分に味方する有力者のもとに派遣したことである。二人の息子を有力者のもとにそれぞれ送ることで、有力者との絆《きずな》を深めようとしたのだろう。

12代将軍足利義晴

さて二人の息子のうち、一人は足利義維《よしつな》（?〜一五七三?）といった（次頁の系図参照）。彼は阿波国《あわのくに》（徳島県）の有力者（細川一門の細川澄元《すみもと》〔一四八九〜一五二〇〕と晴元《はるもと》〔一五一四〜六三〕の父子）のもとに送られた（１９９頁の細川諸家略系図を参照）。

一方、もう一人は足利義晴《よしはる》といった。こちらは播磨国《はりまのくに》（兵庫県南西部）の大名・赤松《あかまつ》氏（赤松義村《よしむら》〔?〜一五二一〕）のもとに送られた。

こうして、二人の兄弟は別々のところで成長した。そして、亡き父の宿敵である将軍義稙を倒すチャンスをうかがった。しかし、好機はなかなか訪れなかった。

それは、第二次義稙政権が意外にも安定していたからである。義稙は最初に将軍になった時、遠征を繰り返して大名たちから反発を受け、ついに「明応の政変」を起こされて将軍位を追われた。そこで義稙は将軍に再任され、第二次政権を発足させると、前回の二の舞いにならないよう、できるだけ遠征を控えて大名たちと協調し合ったのだ。

その結果、第二次義稙政権は安定した。十年ほども目立った動揺は生じなかった。そのため、義維・義晴兄弟が世に出るチャンスはなかなか来なかった。

新将軍として招かれる

だが、ついに変事が生じた。将軍義稙が重臣・細川高国《たかくに》（一四八四〜一五三一）と対立してしまったのだ。永正十八年（大永《だいえい》元年〔一五二一〕）のことである。

この高国は、家臣らに殺害された細川政元の後継者であり、畿内の有力大名・細川氏の当主であった（199頁の細川諸家略系図を参照）。したがって、このような有力者・細川高国との対立は、将軍義稙の立場をたちまち悪化させた。その結果、義稙はたまらず京都を出奔《しゅっぽん》し、四国に落ち延びていった（その後、義稙は二度と帰京できず、大永三年〔一五二三〕に阿波で薨去する）。

この事件は、義維・義晴兄弟が世に出るチャンスを与えた。なぜならば、出奔した将軍義稙には男子がなく、兄弟もすべて死没していたからである。したがって、次期将軍候補は義維・義晴の二人しかいなかった。では二人のうち、どちらが将軍の座を射止めたのか。

結論からいえば、それは義晴だった。細川高国が、次期将軍として義晴のほうを選んだからである（義維は、細川高国の宿敵である細川晴元のもとにいたので、高国から嫌われた）。この結果、義晴が播磨国から京都に上り、十二代将軍に就くことになった。時に大永元年（一五二一）十二月のことである。当時、義晴は十一歳であった。

逆境を耐え抜く

だが、義晴の将軍としての立場はなかなか安定しなかった。その理由の一つは、兄弟である足利義維が敵対し、しばしば京都に迫ったからである。義維は将軍位を狙い、たびたび義晴に挑んできた。

もう一つの理由は、義晴を支える最大のスポンサー・細川高国の権力が不安定だったことである。高国は一族の細川晴元と争い、しばしば敗北を重ねた（最後は晴元によって滅ぼされてしまった）。それゆえ、義晴はそのあおりを受け、何度となく京都から近江国に脱出する羽目《はめ》に陥った。近江滞在が数年に及ぶこともあった（大永七年〔一五二七〕からは約七年間も近江での滞在を余儀なくされた）。

しかし、義晴はこの逆境によく耐えた。そのうえ、彼は劣勢を挽回しようと策略をめぐらした。すなわち、まずは享禄《きょうろく》四年（一五三一）に細川晴元がついに高国を滅ぼすと、義晴は宿敵だったこの細川晴元と手を組むことにした。

また、近江の大名・六角氏（六角定頼《さだより》〔一四九五～一五五二〕）とも連携した。六角氏はかつて二人の将軍（義尚・義稙）の征伐を受けた逆賊であったが、義晴はそうしたことにはこだわらず、六角氏を積極的に登用したのだ。

さらに義晴は、近臣の中から政務に練達《れんたつ》の士を選び出し、「内談衆《ないだんしゅう》」と称する側近集団をつくった。そして彼らに自らを補佐させ、政務の円滑な遂行を図ったのだ（こうした内談衆には、義晴の信任篤《あつ》い近臣の大館常興《じょうこう》入道〔本名は尚氏《ひさうじ》〕や、その息・大館晴光〔?～一五六五〕、そして細川高久《たかひさ》、本郷光泰《ほんごうみつやす》、海老名高助《えびなたかすけ》といった者たちが任じられた）。

凡将にあらず

以上のような事績を見れば、義晴はけっして凡将ではなかったといってよい。

義晴というと、地方に亡命してばかりいた無能な将軍との印象が強い。たしかに、彼の長い将軍治世期（一五二一年から四六年まで、じつに二十五年間に及んだ）のうち、三分の一は京都に安住することができず、近江などに亡命していた。しかし、残りの三分の二はきちんと京都を確保し、将軍として京都に君臨していたのだ。凡庸な将軍だったならば、けっしてこうはいくまい。

ところが、この義晴に晩年、不幸が襲った。天文《てんぶん》十八年（一五四九）、義晴を支えていた最大のスポンサー・細川晴元が、重臣の三好長慶《みよしながよし》（一五二二～六四）に大敗し、京都を出奔して近江に遁走《とんそう》してしまったのだ。そして義晴はこの時、まずいことに細川晴元のほうを支持していた。それゆえ、晴元が敗北すると義晴もまた京都にいられなくなり、近江国坂本（滋賀県大津市）に退くことになってしまった。

無念の客死

しかし、義晴は諦めなかった。細川晴元と力を合わせ、三好長慶から京都を奪い返そうとしたのだ。ところが、義晴はここで体調を崩してしまった。

そもそも歴代将軍には、京都から地方に亡命した途端に病臥してしまう者が多い。それだけ、地方暮らしは肉体的・精神的にきつかったのだろう。義晴もまた病に倒れた。それでも、彼は京都奪還を目指して陣頭に立った。だが、無理が祟《たた》ったのか病が重くなり、近江国の穴太《あのう》（滋賀県大津市）で薨去した。時に天文十九年（一五五〇）のことであった。

結局、義晴は京都に戻れなかったのだ。享年四十であった。

十三代将軍 足利義輝《よしてる》
中途で斃《たお》れた「未完の英主」

天文五年（一五三六）生まれ～永禄八年（一五六五）没
将軍在位：天文十五年（一五四六）～永禄八年（一五六五）

父の無念を晴らせ

足利義晴が近江国の穴太で客死《かくし》した時、嫡男（＝跡継ぎ）の義輝は十五歳だった。彼はすでに数年前の天文十五年（一五四六）に父から足利将軍家の家督を譲られ、十三代将軍となっていた。しかし、当時はまだ若年（十一歳）だったことから、父の後見を受けていた。

だが、その父はもういない。義輝はここで名実ともに将軍となったのだ。

義輝にとって三好長慶は仇敵《きゅうてき》であった。父を無念の死に追い込んだからだ。先にも述べたように、父・義晴は細川晴元と組んで三好長慶と戦い、敗れた。その結果、京都から近江に退き、ここで客死することになってしまったのだ。さすれば、義輝としては父の無念を晴らさねばなるまい。それゆえ、義輝は三好長慶を討とうとした――。

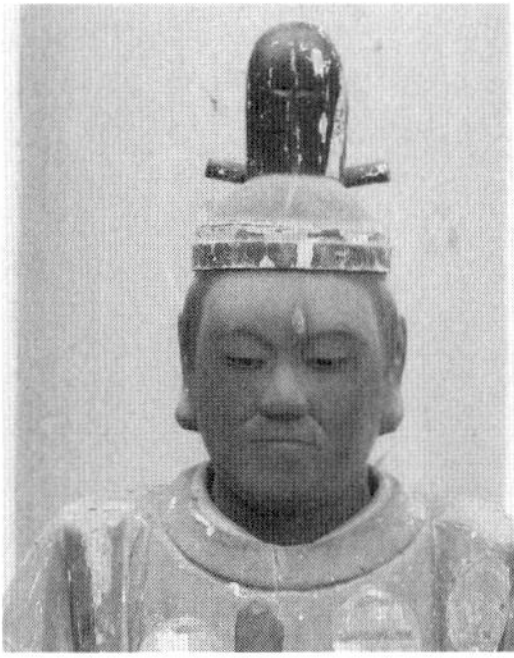
13代将軍足利義輝

大敗し、地方へ逃れる

しかし三好勢は強く、義輝はなかなか三好長慶に勝てなかった。そこで、義輝は時に三好と和睦《わぼく》したりしたが、義輝にとって三好は仇敵である。それゆえ、彼はしばらくすると三好とまた対立して戦った。

天文二十二年（一五五三）には、京都の霊山城《りょうぜんじょう》（清水寺《きよみずでら》〔京都市東山区〕の裏山に義輝が築いた城塞《じょうさい》）を拠点に三好方と戦った。しかし、やはり三好に勝てない。義輝は大敗し、近江国朽木《くつき》（滋賀県高島市）に逃げた。天文二十二年八月のことである。そしてこのあと、義輝は五年にもわたって近江での亡命生活を強《し》いられることになった。

とはいえ、三好長慶のほうも、また義輝をたやすく討ち果たすことはできなかった。義輝に味方する大名たちはいまだ少なくなかったからである。また、義輝はなんといっても天下の将軍であり、世間から「天下《てんか》諸侍《しょざむらい》の御主《おんあるじ》」（＝日本全国における武士たちの主君）として尊崇されていた。そのような義輝を三好がもし討ち果たせば、三好は世間から「逆臣」と誹《そし》られ、その声望は地に堕《お》ちよう。

こうしたことから、義輝と三好は互いに相手に決定打を放てないまま、しばらく睨《にら》み合うことになった。しかし、このような状況は双方ともに益が少ない。それゆえ、両者はこのあと和解することになった。永禄《えいろく》元年（一五五八）のことである。

「英主」の素質あり

この結果、義輝は京都に戻った。すると、このあと彼は三好長慶と協力し合った。つまり「反三好」という従来の方針をここで転換したわけだ。そして、それによって得た余力を使い、義輝は将軍権力の強化を図った。

まずは、しばしば義輝に叛《そむ》いた重臣（伊勢《いせ》氏）を粛清し、家中の統一を進めた（伊勢氏は将軍家譜代の名門だったが、当主・伊勢貞孝《さだたか》〔?〜一五六二〕はしばしば義輝に叛いた）。また、義輝は三好長慶の傀《かい》儡《らい》になることなく、自ら政務を担い、裁判を行って判決を下した。

さらに、大名たちの紛争に積極的に介入し、紛争を調停したり大名たちに対して和睦《わぼく》を命じたりした。こういった義輝の和睦命令などは、うまくいったりいかなかったりとまちまちであったが、義輝の「将軍としての存在感」は世間に十二分にアピールされていった（第六章の浅野友輔論文を参照）。

こうして、義輝は次第に将軍としての声望を高めていった。彼には「英主」になる素質が十分にあった。そして、その才能がいよいよ光輝《こうき》を放ち始めていたのである。

壮烈な討死

ところが、このような義輝に対し、三好一門は次第に猜疑《さいぎ》の目を向けていった。そうしたなかで、タイミング悪く三好一門に凶事が連続した。

すなわち、永禄《えいろく》七年（一五六四）に当主・三好長慶が死没した。また、長慶を長年にわたって支えていた弟たちも相次いで死没した。長慶の弟である三好実休《じっきゅう》入道（一五二七?～六二）、十河一存《そごうかずまさ》（?～一五六一）、安宅冬康《あたぎふゆやす》（?～一五六四）が死没し、しかも長慶唯一の男子・三好義興《よしおき》（一五四二～六三）までもが死去してしまったのである。

このあと三好一門では、長慶の甥にあたる三好義継《よしつぐ》（十河一存の子。?～一五七三）が当主となったが、彼はまだ若年にすぎない。三好一門の弱体化は明らかであった（201頁の三好氏略系図を参照）。そしてこのことは、義輝に対する三好の警戒心をますます亢進《こうしん》させていった（永禄六年〔一五六三〕には、三好は義輝の娘を人質に取るようなこともした）。

こうしたなかで、大事件が起きた――。

三好軍がとつぜん京都の将軍御所を包囲し、義輝を襲ったのだ。永禄八年（一五六五）五月十九日のことである。義輝は三好兵を前にして最後の剣を振るった。しかしついに力尽き、近臣らとともに壮絶な討死《うちじに》をとげた。享年、わずかに三十であった（第九章の山下真理子論文を参照）。

十四代将軍　足利義栄《よしひで》
父の宿願を背負った「阿波の哀将」

天文七年(一五三八)生まれ?〜永禄十一年(一五六八)没
将軍在位:永禄十一年(一五六八)二月〜同年九月

父・義維は、執念の人

三好一門は義輝を殺害すると、次期将軍に足利義栄《よしひで》を擁立せんとした。

義栄は、これまで三好がその領国・阿波国で保護していた足利の貴公子である。義栄の父は足利義《よし》維《つな》といった。彼は十一代将軍・義澄の子である（系図参照）。ということは、十二代将軍・義晴の兄弟ということになる（どうも義維が兄〔跡継ぎ〕であったらしい）。

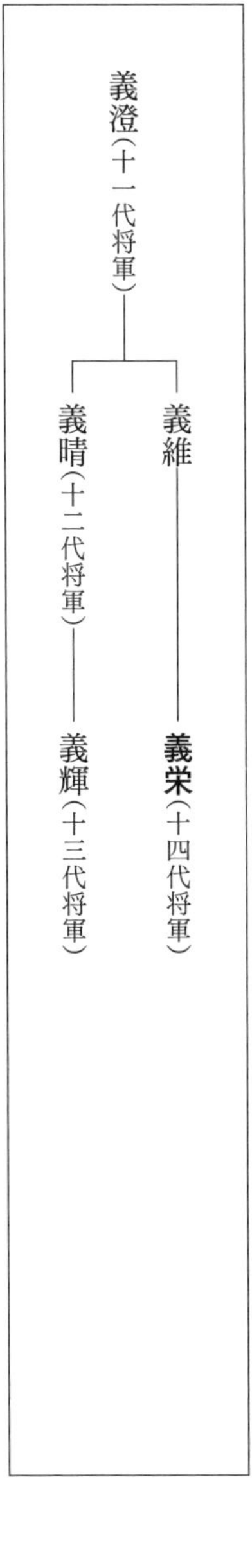

しかし、義維は父・義澄の命令で阿波国に送られ、さまざまな事情から十二代将軍の地位を兄弟の義晴に取られてしまった。

それゆえ、義維は将軍位を奪わんと、その生涯にわたって兄弟の義晴に挑戦を続けた。一時は、阿波から出陣して堺《さかい》（大阪府堺市）に至り、ここを本拠に京都・畿内一円に威勢を敷いたこともあった（一五二〇年代末から三〇年代初頭にかけて）。このような義維を、世間は「堺公方」とか「堺大樹《たいじゅ》」などと呼んだ。公方とか大樹というのは、将軍という意味である。彼は世間から事実上の将軍と認識されていたのだ。

14代将軍足利義栄

だが結局、この時は義維が将軍位を手にすることはできなかった。あと一歩のところで宿願を果たせなかったのである。しかし、彼はこのあとも阿波国にあって、将軍就任の夢を追い続けた。その戦いはじつに四十年にも及んだ。すさまじき闘志である。

まさかの大チャンス

この義維の子息として生まれたのが、義栄であった。

彼は父と同様、阿波国で成長した。おそらく義栄もまた父と同じく、世に出ようと志望していたにちがいない。そうしたなか、義栄にチャンスが舞い込んできた。永禄八年（一五六五）五月、従兄弟《いとこ》にあたる十三代将軍・義輝が三好に襲われ、殺害されたのだ。

その後、三好一門（三好氏の重臣である三好三人衆〔三好長逸《ながやす》・三好政康《まさやす》（宗渭《そうい》）・石成友通《いわなりともみち》〕）は、次期将軍として義栄に白羽の矢を立てた。これを知って義栄は勇躍し、父・義維とともに阿波から海路、上洛《じょうらく》の途についた。永禄九年（一五六六）のことである。

もっとも、義栄の将軍就任はそう簡単にはいかなかった。というのは、このあと三好一門で内部抗争が起きたからである（三好三人衆と松永久秀《まつながひさひで》〔一五一〇〜七七〕とが対立した）。三好の内紛はなかなか収束しなかった。その間、義栄は摂津国富田《せっつのくにとんだ》（大阪府高槻市《たかつきし》）を本拠としつつ、じっと時機が来るのを待った。そして、ようやく三好の内紛が収まるや、ついに朝廷から将軍に任じられた。十四代将軍・義栄の誕生であった。時に永禄十一年（一五六八）二月のことである。

父の宿願を果たしたが――

当時、義栄は三十三歳になっていた。この時、父の義維はまだ存命していた。これまで義維は将軍位を手にしようと戦い続けてきた。結局、自分が将軍になることはできなかったが、子息・義栄が将軍となったのだ。おそらく、これを見た父・義維は感慨ひとしおであったことだろう。

だが、義維・義栄親子の栄華は、長くは続かなかった。

この直後、東方に恐るべき強敵が出現したからである。それは織田信長《おだのぶなが》（一五三四〜八二）であった。信長は、亡き十三代将軍・義輝の弟である足利義昭《よしあき》（一五三七〜九七）を奉じ、大軍を率いて京都になだれ込んできた。そして、義栄の支持者らを蹴散らすや、たちまち畿内を席巻《せっけん》した。永禄十一年（一五六八）九月のことであった。

このあと、義栄の消息は杳《よう》としてわからない。公式の記録（『公卿補任《くぎょうぶにん》』など）には「将軍義栄は直後に病死した」となっているが、判然としない。義栄は、歴史の闇の中に消え去ったのである——。

十五代将軍 足利義昭《よしあき》
信長を悩ませた「希代の梟雄」

天文六年（一五三七）生まれ〜慶長二年（一五九七）没
将軍在位：永禄十一年（一五六八）〜天正十六年（一五八八）

織田信長と手を組む

足利義昭は十三代将軍・義輝の弟である。

彼は京都で生まれたが、少年のころより僧侶（興福寺《こうふくじ》一乗院《いちじょういん》の僧）となり、奈良に住んだ。このまま一生、僧侶として生きるはずであった。しかし、兄・義輝が永禄八年（一五六五）五月に三好一門に殺されたことで、義昭の人生は大きく変転した。

さて、義昭は兄の殺害を知ると身の危険を感じ、奈良を脱出して各地を転々とした。そして足利将軍家を再興すべく、大名たちに協力を求めた。そうした義昭に近づいてきた者があった。織田信長である。

彼は、尾張国《おわりのくに》（愛知県西部）の大名で、義昭を利用して京都進出を図ろうとしていた。そのために義昭に近づいたのだ。そこで、義昭はこの信長と連携《れんけい》することを決断した。義昭のほうもまた信長を利用しようとしたのである。すなわち、信長の武力を使い、将軍就任の夢を実現しようとしたのだ（第十章の木下昌規論文を参照）。

こうして義昭は信長と手を組み、京都に進出した。時に永禄十一年（一五六八）九月のことであった。

15代将軍足利義昭

信長を討つべし

義昭と信長は破竹《はちく》の勢いで進撃した。そして、政敵である十四代将軍・義栄を支持する者どもを追い払うや、たちまち畿内を支配下におさめた。この結果、義昭は永禄十一年（一五六八）十月、念願だった十五代将軍に就任することになった。この時、義昭は三十二歳になっていた。

ところが、このあと義昭は信長と次第に対立していった。そしてその結果、義昭は信長によって京都から追放されてしまった。元亀《げんき》四年（天正《てんしょう》元年〈一五七三〉）のことである。義昭はその後、紀伊《きいの》国《くに》の興国寺《こうこくじ》（和歌山県日高《ひだか》郡由良《ゆら》町）に移り住み、雌伏《しふく》の日々を過ごすことになった。

だが、義昭はここで諦めなかった。彼はこのあと天正四年（一五七六）二月、西国の雄・毛利《もうり》氏（毛利輝元《てるもと》〈一五五三〜一六二五〉）のもとに駆け込んだ。そして、毛利氏の領国・備後国《びんごのくに》（広島県東部）の鞆《とも》（広島県福山市）に拠点を据えるや、各地の大名たちに対して「信長を討つべし」との号令を発したのだ。

追い詰められる義昭

義昭の号令を受け、有力大名たちが次々と反信長の兵を挙げた（毛利氏や越後《えちご》〈新潟県〉の上杉謙信《うえすぎけんしん》、甲斐《かい》〈山梨県〉の武田勝頼《たけだかつより》、大坂本願寺《ほんがんじ》などが挙兵した）。

大名たちは、信長の勢威があまりにも際限なく伸張していることに恐怖を抱いていた。これが、彼らを「信長封じ込め」に立ち上がらせたのである。この結果、義昭を中心に「信長包囲網」が形成されることになった。天正四年（一五七六）のことである。

しかし、この包囲網は十分に機能しなかった。それは、包囲網を形成する大名たちが、きちんと団結し合えなかったからである。彼らは仲間同士で疑い合ってしまった。それゆえ、信長を効果的に封じ込めることができなかったのだ。その結果、反信長派は苦戦し、次第に信長に追い詰められていった。義昭もまた危殆《きたい》に瀕《ひん》した。

ところが、ここで思いも寄らない事態が起きた――。本能寺《ほんのうじ》の変《へん》である。信長はこの事件であっけなく殺されてしまった。天正十年（一五八二）六月のことであった。

寂しかった晩年

この結果、義昭は滅亡の淵から脱した。もっとも、義昭がこのあと飛躍したというわけではない。信長死後、天下は羽柴秀吉《はしばひでよし》（豊臣秀吉。一五三七～九八）のもとに収斂《しゅうれん》されつつあったからだ。

結局、義昭は秀吉に仕えることになった。秀吉は義昭に一万石の所領を授け、自らの家臣とした。時に天正十五年（一五八七）末ごろのことである。このあと、義昭はもはや政治の表舞台に立つことはなかった。彼は出家して「昌山《しょうざん》」と号し、十年ほどの余生を静かに過ごした。跡継ぎも決めなかった。

義昭には一男があったが、この男子は出家して義尋《ぎじん》（一五七二～一六〇五）と名乗り、奈良・興福寺の僧侶となっていた。したがって、義昭は足利の家を存続させるためには義尋を還俗させるか、誰かを養子にしなければならなかった。しかし、義昭はそうした手続きを取らなかった。おそらく彼は

「足利の家は自分の代で終焉《しゅうえん》とする」と考えていたのだろう（第十一章の小川雄論文を参照）。

こうしたなか、義昭は病に倒れた。そして治病のかいもなく、六十一年に及ぶ波乱の生涯を終えた。時に慶長二年（一五九七）のことであった。

おわりに——足利将軍家は、なぜすぐに滅亡しなかったのか

存続の要因は何か

戦国期の足利将軍たちは、いずれも波乱の生涯を送った。強敵と戦い、しばしば敗北を重ねた。時には滅亡寸前といった状況に陥ることもあった。だが、将軍家はなかなか滅亡しなかった。意外な「しぶとさ」を見せたのだ。

しかし、これはなぜだろうか。戦国時代は武力の強弱がモノをいう時代である。ところが、将軍家には十分な武力がなかった。そのような将軍家など、大名たちは容易に滅ぼせたはずだろう。にもかかわらず、なぜ将軍家はすぐに滅亡しなかったのだろうか。

その理由としては二つのことが考えられる。

一つは、戦国期であっても将軍は「天下諸侍の御主」とされ、なお世間から尊崇《そんすう》されていたことで

ある。それゆえ、大名がこうした将軍をあからさまに討ち果たしたりすれば、世間から「逆臣」として厳しく指弾《しだん》されかねなかった（実際、十三代将軍・義輝を殺害した三好は、世間から指弾された）。そうしたことから、大名たちは武力では将軍を凌駕《りょうが》していても、将軍に刃を向けることはできる限り控えた。その結果、足利将軍家は応仁の乱（一四六七〜七七年）以降も、なお百年間も命脈を保ったといえよう。

「役に立つ」存在

さて、足利将軍家がすぐに滅亡しなかったもう一つの理由は、戦国時代に至っても、将軍が大名たちにとって「役に立つ」存在だったことがあろう。ではいったい、将軍はどのような点で役に立ったのだろうか。

まず一つは、大名たちにとって将軍は「ライバルの大名より自分のほうが格上だ」ということを世間に示すうえで役に立った、ということがある。そもそも、大名たちは戦国時代に至っても「自分がライバルである近隣大名より、世間で格上に見られているか否か」に強い関心を持っていた。そして「ライバルより少しでも格上に見られたい」と熱望していた。そうした大名たちにとって、将軍は有用であった。

なぜならば、将軍は大名たちに対してさまざまなランクを持つ栄典《えいてん》（＝一種の爵位）を授与しており、そしてこの栄典のランクは、大名たちの社会的な格を示す「ものさし」として、戦国期においてもなお世間から広く認知されていたからである。それゆえ、大名たちは将軍からライバルの大名より高いランクの栄典を貰《もら》い受けることができれば、「自分はライバルより格上だ」ということを世間に示すことができたのだ（第五章の木下聡論文を参照）。

また、将軍は大名たちにとって「他大名との外交を円滑に進める」うえでも有用な存在だった。なぜならば、将軍は戦国期に至っても、多くの大名たちとさまざまな人脈を持ち、「顔が広かった」からである。それゆえ、大名たちは将軍と良好な関係を保っていれば、敵対大名と和平交渉をする際、「顔の広い」将軍に敵との間を取り持ってもらい、交渉の「きっかけ」も手に入れることができたのだ（第六章の浅野友輔論文を参照）。

このように、大名たちにとって将軍は、なお「役に立つ」存在だった。それゆえ、大名たちは将軍を支えた。将軍の命令についても、大名たちはそれが自分たちの死活的利益（＝自らの生存）を侵さない範囲内であったならばそれなりに尊重した。その結果、将軍家はなかなか滅亡せず、応仁の乱後も百年にわたって存続しえたのだ。

しかし、その足利将軍家もついに滅亡した。織田信長や豊臣秀吉の登場によって、足利将軍家は十五代で滅んだ。なぜだろうか。

信長、秀吉こそが「御主」

その大きな理由は、最後の将軍・義昭が信長や秀吉に武力で凌駕されたことがあろう。義昭は大名たちと連携し、信長を「包囲網」によって封じ込めんとした。しかし、これに成功しなかった。その結果、足利将軍家は滅亡への道を進むことになったのだ。

しかし、将軍家が滅亡した理由はこれだけではない――。

先にも述べたように、戦国時代でも足利将軍は「天下諸侍の御主」とされ、世間からなお尊崇されていた。そしてこのことが、足利将軍の命脈を保たせていた一因であった。

ところが、信長や秀吉が登場し、彼らが次第に大名たちを服属させていくにつれて、大名たちは足利将軍ではなく、信長や秀吉こそが「御主だ」と認識し始めていった。また、信長や秀吉も「足利ではなく、自分こそが御主だ」と大名たちに主張し、これが世間に広まるよう努めていった。

たとえば秀吉は、日本列島すべての大名たちを新たに順位付け《ランキング》し、その頂点に秀吉本人を据えた(大名たちを上・中・下の三ランクに分類して序列化した)。そして、このランキングを大名たちに強制し、それによって「秀吉こそが、大名たちの上に君臨する御主である」ことを広く世間に浸透させていった。

この結果、足利は次第に大名たちにとって「天下諸侍の御主」という特別な存在ではなくなっていき、大名たちに顧みられなくなっていったのである。

また、信長や秀吉らは、大名たちにとって足利将軍以上に「役に立つ」存在になっていった。先に述べたように、足利将軍が存続しえたのは、大名にとって「役に立つ」存在だったからでもあったが、この点でも足利は信長や秀吉によって凌駕されていったわけである。

たとえば、秀吉らはその武力を使い、大名たちの領土保有権を強力に保証した。また、秀吉は大名間で紛争が起きた場合、大名たちが勝手に戦い合うのを禁じたうえ（これを「惣無事《そうぶじ》」と称した）、秀吉がこの紛争を裁き、きちんと実効性のある裁定を大名たちに下してやった。こうしたことは、武力の乏しかった足利将軍ではなかなかできなかったことであったから、大名たちは次第に足利よりも秀吉らに靡《なび》いていった。

このように、足利将軍は信長や秀吉によって、武力の面で凌駕されただけでなく、「天下諸侍の御主は誰か」といったことや、「役に立つかどうか」という点でもまた凌駕されていった。そしてその結果、足利将軍家はついに滅亡していくのである。

【さらに詳しく学びたい読者へ】

戦国期における足利将軍に関する学術論文や専門書は最近、増えつつあるが、一般書は依然として多くない。そこで、取りあえず次の三冊を紹介しておきたい。僭越《せんえつ》ながらいずれも拙著である。

①『足利義稙――戦国に生きた不屈の大将軍――』（戎光祥出版、二〇一六）
②『足利義輝・義昭――天下諸侍、御主に候――』（ミネルヴァ書房、二〇一九）
③『戦国時代の足利将軍』（吉川弘文館、二〇一一）

①は、十代将軍・義稙の苦難に満ちた生涯を描いた伝記である。
②は、家臣に殺害された十三代将軍・義輝と、足利最後の将軍となった義昭の人生を描いた伝記である。
③は、戦国期将軍に関するさまざまな問題、たとえば「将軍家はなぜ弱体化したのか」「将軍たちはいかにして生き残っていったのか」「将軍は戦国期の日本列島全体の中でいかなる位置にあったのか」ということを概説している。

第Ⅰ部

室町時代から戦国時代へ

〈第一章〉

【将軍義尚・義稙の時代】

「応仁の乱」後、足利将軍家は没落したのか?

小池　辰典

はじめに——教科書から消えた足利将軍

現在の高校日本史教科書を見ると、応仁《おうにん》の乱《らん》(一四六七～七七年)に関する説明のあとは「室町文化」や「戦国大名の活躍」の説明となり、足利将軍の政治的な活躍を示す記述はなくなってしまう。そうしたこともあってか、一般的には「応仁の乱によって、足利将軍家は政治的にはすっかり没落した」とされることが多い。

しかし、本当にそうなのだろうか。

この応仁の乱直後、二人の将軍が続いて立った。九代将軍の足利義尚《よしひさ》(一四六五～八九)と十代将軍の足利義稙《よしたね》(一四六六～一五二三)である。じつは、この二人はいずれも、多くの大名たちを率いて近江国《おうみのくに》（滋賀県）に自ら出撃したのだ。この事実を考慮するならば、応仁の乱によって将軍家がただちに没落した、などとはいえないのではなかろうか。

それでは、この二人の将軍によってなされた「近江遠征」とは、どのようなものだったのだろうか。本稿ではここに論点を絞り、「応仁の乱後、すぐに足利将軍家は没落してしまったのか」というテーマについて、最新研究をふまえつつ考えていくことにしよう。

一　九代将軍・義尚の近江遠征

まず、義尚の近江遠征（「鈎《まがり》の陣」などとも呼ぶ）を取り上げよう。いったい、なぜこの遠征は実行されたのだろうか。また、どのような大名たちがこの遠征に参加したのだろうか。さらに、そもそもなぜ大名たちは参加したのか。

義尚とは、どのような人物だったのか

足利義尚は、文明《ぶんめい》五年（一四七三）、父である八代将軍・義政《よしまさ》（一四三六～九〇）から将軍位を譲られ、九代将軍となった。ただし、義尚は当時まだ九歳であったことから、父の義政や生母の日野富子《ひのとみこ》（一四四〇～九六）らが将軍としての政務をしばらく代行した。

しかし、義尚は意欲的な人物であった。

たとえば、大名同士が喧嘩《けんか》をし、京都内で合戦を始めたと聞くや、自ら現場に出向いて喧嘩を仲裁したという。わずか十二歳の時のことである（『長興宿禰記《ながおきすくねき》』文明九年〔一四七七〕正月十八日条）。また、十五歳の時には、当代一流の大学者といわれた一条兼良《いちじょうかねよし》（一四〇二〜八一）に「将軍としての心構え」を記した教訓書『樵談治要《しょうだんちよう》』（『群書類従《ぐんしょるいじゅう》』第二十七輯《しゅう》に収録。八木書店）を執筆してもらっている（『大乗院寺社雑事記《だいじょういんじしゃぞうじき》』文明十二年〔一四八〇〕八月晦日《みそか》条）。

このように、義尚は意欲に富んでいたが、父の義政はすぐに義尚に政務のすべてを任せるのではなく、徐々に将軍としての仕事を譲ろうとした。また、母の日野富子も何かと義尚の政務に口をはさんだ。このような状況に、義尚は次第に不満を募らせていった。

それゆえ、彼は突然「隠居する」と宣言するなど、とっぴな行動を繰り返した。どうも義尚は、父母からの干渉を排し、なんとか自分が政務の主導権を握りたかったようだ（鳥居：一九八七）。

そしてそのようななかで、義尚は自ら近江に遠征することを決意する。どうしてだろうか。

近江遠征の背景

文明九年（一四七七）、ようやく応仁の乱は終わったが、この乱以降も、公家・寺社はもとより将軍直臣《じきしん》（＝代表的な存在は奉公衆《ほうこうしゅう》といい、三百家以上あった。たとえば安芸《あき》〔広島県西部〕の小早川《こばやかわ》家なども、この当時は奉公衆であった）らも困窮し続けた。それというのも、各地の大名たちが応仁の乱の最中、戦費調達や利権の拡大のため、公家・寺社の領地だけではなく、将軍直臣の所領もしばしば奪い取っていたからである。しかも、大名らは乱以降も、奪い取った所領を返さなかった。

とりわけ近江の大名・六角高頼《ろっかくたかより》（?〜一五二〇）は、将軍直臣たちの所領をさかんに奪い、返還しなかった。それゆえ、将軍直臣らはついに怒りを爆発させた。そして、彼らは将軍である義尚のもとに押しかけ、「六角氏の横暴ぶりは目に余る。どうか善処《ぜんしょ》の程をお願いいたします」と訴え出た（『蔭《いん》凉軒日録《りょうけんにちろく》』文明十九年〔長享《ちょうきょう》元・一四八七〕七月二十三日条）。

すると、義尚はこの訴えを受け入れ、将軍直臣や公家・寺社たちの所領を取り戻すべく、自ら兵を率いて近江六角氏を討つことを決意したのだ。

義尚のもくろみは何か

おそらく、義尚はこう考えたのではないか。

将軍直臣たちの願いを叶《かな》えてやれば、きっと義尚に直臣らの支持が集まることになるだろう。また、義尚が多くの諸役人を率いて近江に出陣してしまえば、京都にいる父・義政は政務への介入が困難になる。そうなれば、義尚は独自の政治を行いやすくなるだろう（設楽：一九八九）。

また応仁の乱以降、各地の争乱をなかなか収められないなど足利将軍家の武威《ぶい》（＝ここでは、武力で人を恐れ従わせる力と、それによって生じる威光を示す）は低下してしまっていた。そこで、義尚はこの状況を打開すべく、将軍たる義尚自らが兵を率いて戦場に赴き、その雄姿を見せつけることで、大名たちに将軍家の武威を再認識させようとした、という可能性もある（石原：二〇一七）。

ちなみに歴代の足利将軍は、将軍に就任するとしばしば大名たちに遠征を命じ、これによって「足利将軍が武門の棟梁《とうりょう》たるにふさわしい武威を持っている」ということを世間にアピールしてきた（榎原：二〇一六）。このような事例をふまえれば、義尚の出陣もこういった歴代将軍たちの行動にならった、と見ることもできるだろう。

さて、こうしたさまざまなもくろみのもと、義尚は京都から近江に出陣した。長享元年（一四八七）九月のことである。その際、義尚は大名たちに「参陣せよ」と命じた。すると、多くの大名たちがこの命令に従って義尚のもとに集まった。

しかし、なぜ大名たちは義尚に従ったのだろうか。

二十一家の大名が参陣

将軍義尚の近江遠征には、多くの大名たちが参陣した。

すなわち、畿内で最も勢力が大きい有力大名・細川氏とその一門をはじめ、赤松《あかまつ》氏（領国は播磨《はりま》など）、朝倉《あさくら》氏（越前《えちぜん》）、一色《いっしき》氏（丹後《たんご》）、大内《おおうち》氏（周防《すおう》など）、北畠《きたばたけ》氏（伊勢《いせ》）、京極《きょうごく》氏（北近江など）、斯《し》

足利義尚・義稙による近江遠征の参陣大名家一覧

	当主	身分	領国	義尚期（長享元年〔1487〕）	義稙期（延徳３年〔1491〕）
1	赤松政則	四職	播磨	○	○
			備前		
			美作		
2	朝倉貞景		越前	○	×
3	一色義直	四職	丹後	○	○
4	大内政弘		周防	○	○
			長門		
			筑前		
			豊前		
5	北畠政郷 → 材親		伊勢	○	○
			志摩		
6	京極高清	四職（分裂中）	北近江	○	○
7	京極政経		出雲	○	○
			隠岐		
8	斯波義寛	管領家	尾張	○	○
			遠江		
9	武田国信		若狭	○	○
10	富樫政親 → 泰高		加賀	○	×
11	土岐成頼		美濃	○	○
12	仁木政長		伊賀	×	○
13	畠山政長	管領家（政長流）	紀伊	○	○
			越中		
14	細川政元	管領家（京兆家）	丹波	○	○
			摂津		
			讃岐		
			土佐		
15	細川政之 → 義春		阿波	○	○
16	細川元有	上守護	和泉	○	×
17	細川基経	下守護		○	×
18	細川勝久		備中	○	?
19	細川尚春		淡路	○	○
20	山名政豊	四職	但馬	○	○
			備後		
21	山名豊時		因幡	○	○
22	山名尚之		伯耆	○	○

筆者作成。

波《ば》氏(尾張《おわり》・遠江《とおとうみ》など)、若狭《わかさ》武田《たけだ》氏(若狭)、富樫《とがし》氏(加賀《かが》)、土岐《とき》氏(美濃《みの》)、畠山《はたけやま》氏(紀伊《きい》・越中《えっちゅう》)、山名《やまな》氏(但馬《たじま》・備後《びんご》)とその一門(因幡《いなば》・伯耆《ほうき》)といった大名たちである。

当時、一国以上の所領を持っていた大名は、全部で二十七家あった(将軍直属ではない、関東・東北や九州の大名は除く)。そのうち、じつに二十一家の大名たちが義尚の命令を受け、近江に参陣していたというのだ(前頁の表を参照)。

これほど多くの大名たちが義尚のもとに参陣していた、ということは、応仁の乱後も、将軍家には依然として大名たちに対する影響力があった、ということを示している(小池:二〇一九)。では、なぜ大名たちは参陣したのだろうか。

この義尚の近江遠征は、将軍直臣・公家・寺社たちの所領を六角氏から取り返すことを本来の目的としていた。したがって、大名たちにとっては参陣しても直接利益になるものではなかった。そうしたことから、これまでの研究では、大名たちは義尚の近江遠征に対して熱意を持てず、とりわけ畿内最強の勢威を持つ有力大名・細川氏にいたっては、近江遠征を妨害しようとしていた、と考えられてきた(百瀬:一九七六)。

しかし、大名たちは必ずしも近江遠征に不熱心だったわけではない。たとえば、義尚から参陣を命じられていなくても、大名自ら「参陣することを許可してほしい」と自発的・積極的に将軍側へ働きかけるケースさえあった。

　また細川氏にしても、けっして義尚の遠征を妨害したわけではなかった。たしかに細川氏重臣の一部は参陣に反対したが、細川氏の当主・細川政元《まさもと》（一四六六〜一五〇七）はこれを義尚に謝罪し、自ら近江に参陣しているのである（小池：二〇一九）。

　では、大名たちのこうした動きの背景には、何があったのだろうか。

参陣した大名たちの思惑

　このことを考えるために、有力大名の一人、斯波氏に注目しよう。

　斯波氏は将軍家一門に連なる名門大名であり、越前国（福井県北東部）などを領有して栄華を誇ってきた。しかし、応仁の乱ごろから次第に弱体化し、ついに越前を重臣の朝倉氏に奪われてしまった。そうしたなかで、義尚の近江遠征が始まった。

　すると、斯波氏の当主・斯波義寛《よしとお》（一四五七〜一五一三）は大軍を率いて義尚のもとに参陣した。どうやら斯波氏は、義尚の遠征に積極的に参加することでその歓心を買い、義尚に越前奪還を認めてもらい、将軍麾下《きか》の大名たちから協力を得やすい状況をつくりたい――このように考えたようなのだ（松島：二〇一一）。

　一方、こうした動きに対抗し、斯波氏のライバルである朝倉氏もまた動いた。当主の朝倉貞景《さだかげ》（一四七三〜一五一二）は義尚に対し、近江遠征への参陣許可を求めたのである。

そしてこれを許可されるや、朝倉勢は近江に馳《は》せ参じて将軍家に忠誠を示した。その結果、朝倉氏は旧主・斯波氏と同じ「将軍家の直臣」という家格を義尚から賜ることになった。すなわち朝倉氏は、これまでの「斯波氏の家臣」という立場から脱したわけだ。

おそらく朝倉氏はこうすることで、多くの大名たちに朝倉氏への認識（「斯波氏の家臣にすぎない」という認識）を改めさせ、自らの越前支配を有利に進めようと図ったのだろう（河村：一九九四）。

こうした斯波氏や朝倉氏のように、大名たちが義尚の近江遠征に参陣したのは、それによって何かメリットを得られると判断したためであった。すなわち、参陣することで義尚に忠誠心を示し、その信任を得ることで義尚をうまく利用しようと考えていたのだ。

言い換えれば、大名たちにとって足利将軍家は、応仁の乱後も「利用価値のある存在」「大きな影響力を持った重要な存在」だと認識されていたわけである。

遠征の結末は、どうなったのか

さて、義尚は大名たちを従えて近江に出陣すると、六角氏の軍勢を打ち破り、これを南近江の山奥に追い払った。義尚の圧勝であった。

だが、義尚は戦いに勝利しても京都に凱旋《がいせん》しなかった。それは、先に述べたように父・義政の政治介入を排し、独自の政治を志向していたからだとみられている（設楽：一九八九）。

また、美濃国（岐阜県南部）や伊勢国（三重県）といった近江近隣の諸国でも、将軍直臣や公家・寺社の所領を押領《おうりょう》（＝所領を武力で奪い取る）するといった問題があった。そこで、義尚は次なる目標として、それらの解決にも取り組もうともしたのである（小池：二〇一九）。

しかし、義尚はここで病を得てしまった。そして彼は京都に戻ることなく、近江の陣所で没した。時に長享三年（一四八九）三月のことである。享年、わずかに二十五であった。義尚の早すぎる死は人びとの涙を誘った。大名のなかには、義尚を偲《しの》ぶ行動に出るものもいた。たとえば西国の雄・大内氏は、義尚が亡くなったと聞くや、領内全土に向け、一年間、喪《も》に服すよう命じたという。

このように応仁の乱後も、大名らは将軍が自分たち武門の棟梁《とうりょう》であると考え、それを悼《いた》む者がいたのである（小池：二〇一九）。

二　十代将軍・義稙の近江遠征

次に、義尚の死去から約二年後に開始された、十代将軍・義稙の近江遠征を取り上げよう。この遠征の目的はいかなるものであったのだろうか。そして、大名たちは遠征に対し、どのような態度を見せていたのか。

義稙とは、どのような人物だったのか

義稙は九代将軍・義尚の従兄弟《いとこ》にあたる（25頁の系図参照）。

父は足利義視《よしみ》（一四三九〜九一）といい、八代将軍であった義政《よしまさ》の弟である。しかし、この足利義視は応仁の乱の際、兄と対立してしまった。それゆえ、義視は乱が終わると京都にいられなくなり、まだ幼かった息子の義稙を連れて美濃国に籠居《ろうきょ》した。つまり、政治的には没落したわけである。したがって、その息子である義稙が将軍になる可能性は、当時ほぼゼロに近かった。

しかし、九代将軍・義尚には後継者となるべき男子がおらず、体も丈夫ではなかった。そのため、万が一に備えて後継者候補を用意しておかねばならなかった。そこで義稙に白羽の矢が立った。これには、将軍義尚の生母・日野富子の強い後押しがあった。というのは、義稙の生母である日野良子《りょうこ》は富子の妹であったからである。つまり、義稙は富子にとっては実の甥《おい》にあたったのだ。

そうしたことから、義稙は将軍義尚が病没すると（長享三年〔一四八九〕三月）、美濃を発《た》ち、京都に入った。次いで伯母・富子の強力な後押しを受け、ついに十代将軍となった。時に延徳《えんとく》二年（一四九〇）七月のことである。そしてそれから約一年後、義稙は重大な決断を下した。近江遠征を決めたのだ。

再度の近江遠征の理由とは

義稙は、なぜ再び近江遠征を考えたのか。

その理由の一つとしては、「近江六角氏が再び勢威を盛り返しつつあった」ということが挙げられよう。六角氏は前将軍・義尚の遠征を受けて大敗し、南近江の山岳地帯に押し込められた。しかし、義尚が急死するとたちまち再起した。新将軍の義稙としては、こうした六角氏の動向をそのまま放置しておくわけにはいくまい。将軍から征伐を受けた逆賊が、また復活したとなれば、〝将軍家の面目〟は丸つぶれになるからだ。

また、義稙の近江遠征には、彼自身の事情もかかわっていた。

先に述べたように、義稙は幼年時代から将軍になるまで美濃国で暮らしていた。したがって、彼は京都の将軍直臣や大名たちとの緊密な関係に乏しかった。もとより、義稙には政治経験もなかった。しかも、頼りにしていた父・足利義視（彼には多少、政治経験があった）が義稙の将軍就任直後に急死してしまった。そのうえ、義稙を将軍に推挙してくれた伯母の日野富子とも仲違《なかたが》いをしてしまった。

そのため、義稙は、自分自身の求心力を急いで高める必要に迫られた。求心力を高めるには、「戦争」が最も手っ取り早い。すなわち、義稙自らが将軍直臣や大名たちと一緒に戦場に臨み、皆で共通の敵（六角氏）を叩《たた》く。そうすれば、いやがおうにも自らの求心力は高まってこよう。また、敵を完《かん》膚《ぷ》なきまでに叩けば、自分には将軍にふさわしい武威があると内外に顕示することができる。義稙はそう考えたようだ（山田：二〇一六）。

そうした事情から、義稙は近江遠征を決断した。すなわち、延徳三年（一四九一）八月、彼は京都を出陣して近江に向かったのだ。この時、義稙が率いた軍団は、前回の近江遠征で義尚が率いていた軍団より大規模だったという。それは、数多くの大名たちが今回も参陣したからにほかならない。

すなわち、参陣した大名は、細川氏とその一門をはじめ、畠山氏、斯波氏、赤松氏、若狭武田氏、山名氏とその一門、一色氏、京極氏、土岐氏、北畠氏、仁木《にき》氏（伊賀《いが》）、大内氏などであった。将軍家の麾下《きか》にあるほとんどすべての大名たちが、将軍義稙の号令を受けて彼のもとに参陣してきたといってよい（63頁の表を参照）。

では、大名たちはなぜ今回も参陣したのだろうか。

遠征の結末が招いた事態とは

それは、前回の近江遠征の時と同じく、大名たちにはさまざまな思惑があったからだろう。

たとえば、山陰地方で数カ国を支配していた有力大名・山名氏は、「山陽地方の有力大名・赤松氏が義稙の近江遠征に参陣した」と聞くと、ただちに軍勢を率いて自らも参陣した。山名氏にとって赤松氏はライバルだった。それゆえ、ライバルに負けるわけにはいかなかったからである（『大乗院寺社雑事記』延徳三年〔一四九二〕八月十二日条、『蔭凉軒日録』同年八月二十三日条ほか）。

また、多くの大名たちが参陣している以上、自分だけ参陣しないわけにはいかなかった、ということもあっただろう。もし自分だけ参陣を拒否すれば義稙の怒りを買い、今度は自分が義稙から討伐を受けるかもしれないからだ（山田：二〇一六）。

さて、義稙はこうしたさまざまな思惑を持つ大名たちを引き連れて近江に攻め込んだ。そして、六角勢をたちまち打ち破った。この結果、勢力を回復しつつあった六角氏は、再び大打撃を受け、南近江の山岳地帯に退いた。

すると、義稙は明応《めいおう》元年（一四九二）末に近江の陣を引き払い、京都に凱旋した（『大乗院寺社雑事記』明応元年十二月十六日条ほか）。しかし、義稙は休む間もなく次の遠征を決行した。今度は、河内国《かわちのくに》（大阪府東部）への遠征であった。しかも「そのあとは越前国に攻め込む」というのだ。こうして、義稙は再び大名たちに出陣の号令を発した。

しかし、大名たちは長期にわたる合戦で疲れており、厭戦《えんせん》気分が広がっていた。それに加えて、義稙は大名の意見よりも側近（葉室光忠《はむろみつただ》〔一四五一～九三〕ら）の意見を重視し始めてもいた。そうしたこともあって、大名たちの不満が蓄積されていった。

その結果、この直後に未曾有《みぞう》の大事変――「明応の政変」（第二章の浜口誠至論文を参照）が起きてしまうのであった。

おわりに——弱体化は徐々に進行していった

本稿のテーマは「応仁の乱後、すぐに将軍家は没落したのか」というものであった。ここまでお読みいただいた読者諸氏にとっては、その答えはもはや明らかだろう。

応仁の乱前までは、大名たちは原則として将軍のいる京都に居住を義務づけられていた。しかし乱後、多くの大名たちは次第に京都を離れ、自分の領国に住まいを移した。そうしたこともあってか、「応仁の乱後は、将軍家はすぐに没落してしまった」と考えられてきた。

しかし、この乱後に将軍となった九代将軍の義尚、十代将軍の義稙は、近江遠征を敢行した。そして、それには多くの大名たちが参加し、将軍の指揮下で戦った。この事実を考えたならば、応仁の乱によってただちに将軍家が没落したとはいえないだろう。

将軍家は応仁の乱後、結果的には弱体化していったのだが、それは徐々に進行していったのであり、乱直後にはまだそれなりの勢威を保っていた、というべきだろう。

そして、将軍家が弱体化するなかで、大名らが将軍家に対して抱いていた武門の棟梁という認識がどのようになっていくのかは、今後の重要な課題の一つとなってくるであろう。

【主要参考文献】

石原比伊呂「室町幕府将軍権威の構造と変容」（『歴史学研究』九六三号、二〇一七）
榎原雅治『室町幕府と地方の社会』（岩波新書、二〇一六）
河村昭一「長享・延徳の訴訟」（福井県編刊『福井県史』通史篇二、一九九四）
小池辰典「鈎の陣にみる戦国初頭の将軍と諸大名」（『日本歴史』八五一号、二〇一九）
設楽薫「足利義尚政権考―近江在陣中における「評定衆」の成立を通して―」（『史学雑誌』九八編二号、一九八九）
鳥居和之「応仁・文明の乱後の室町幕府」（『史学雑誌』九六編二号、一九八七）
松島周一「延徳三・四年の織田敏定と細川政元―『朝倉家記』所収文書を通じて見る十五世紀末の幕府―」（『歴史研究』五七号、愛知教育大学歴史学会、二〇一一）
百瀬今朝雄「応仁・文明の乱」（『岩波講座　日本歴史』七　中世三、岩波書店、一九七六）
山田康弘「義稙はなぜ外征を決断したのか」（同著『足利義稙―戦国に生きた不屈の将軍―』戎光祥出版、二〇一六）

【さらに詳しく学びたい読者へ】

戦国時代の将軍についてさらに詳しく知りたい方に、次の四論文を推薦する。

①家永遵嗣「将軍権力と大名との関係を見る視点」(『歴史評論』五七二号、一九九七)
②谷口雄太「足利一門再考」(同著『中世足利氏の血統と権威』吉川弘文館、二〇一九)
③松本和也「宣教師史料から見た日本王権論」(『歴史評論』六八〇号、二〇〇六)
④山田康弘「戦国期足利将軍存続の諸要因—「利益」・「力」・「価値」—」(『日本史研究』六七二号、二〇一八)

①は、戦国期初頭における将軍が置かれた特殊な状況に関して基礎になっている論文である。戦国期初頭の状況をより詳しく知りたい方におすすめだ。
②は、どの家が「足利一門」と呼ばれていたかを探り、足利一門であることの優位性を説明している。「足利氏が武家の棟梁であったことが、戦国期においてどのような意味を持っていたか」という点について、より詳しく知りたい方におすすめする。
③は、「西欧人の目に、戦国時代の天皇・将軍が、どのような存在に映ったか」が説明されている。少し異なる視点からの説明として興味深い論文である。
④は、「足利氏が、どのようにして戦国大名に対し、自らの優位性を確保して戦国期を乗り越えようとしたか」を、三好氏や織田信長が登場してくる時期を対象に説明している。

〈第二章〉

【時代のターニングポイント】

戦国時代の扉を開いた「明応の政変」とは？

浜口　誠至

はじめに――未曾有の将軍廃立事件

十代将軍・足利義稙《よしたね》（一四六六～一五二三）のとき、足利将軍家を揺るがす大事件が起きた。足利将軍家の重臣に、細川《ほそかわ》氏という大名がいた（199頁の細川諸家略系図を参照）。畿内《きない》地方を中心に大きな勢力を持っていた有力大名である。その当主・細川政元《まさもと》（一四六六～一五〇七）がとつぜん挙兵し、将軍の義稙を武力で廃したうえ、新たな将軍として足利義澄《よしずみ》（一四八〇～一五一一）を立てたのである。

時に明応《めいおう》二年（一四九三）のことであった。将軍が家臣によって替えられてしまった、というわけである。もとより未曾有《みぞう》のことであった。ちなみに現代の研究者は、この事件を当時の年号をとって

「明応の政変」と呼んでいる。

本稿では、「明応の政変」研究の現況と諸説をふまえて、いったい、この政変はどのような事件だったのだろうか、という点についてみていくことにしよう。

一　「明応の政変」の経緯をたどる

政変発生の原因は何か

応仁《おうにん》元年（一四六七）、世にいう「応仁の乱」（一四六七〜七七年）が起きた。応仁の乱とは、将軍家を支える大名たちが東西両軍に分かれ、京都などで激しく争った大戦争のことである。この時、東軍の大名たち（細川勝元《かつもと》〔一四三〇〜七三〕ら）は、八代将軍・足利義政《よしまさ》（一四三六〜九〇）を総大将に担いだ。一方、西軍の大名たち（山名宗全《やまなそうぜん》〔一四〇四〜七三〕ら）は、義政の弟・足利義視《よしみ》（一四三九〜九一）を総大将に擁立して戦った。そして両者の戦いは、いつしか京都から日本列島各地に広がっていった。

さて、この応仁の乱は、開戦から約十一年後にようやく終結した。文明《ぶんめい》九年（一四七七）のことである。勝敗はあまり明確ではなかったが、いちおう「東軍の勝利」という形で終わった。それゆえ、西軍の総大将となっていた足利義視は、息子の義稙《よしたね》とともに京都にいられなくなり、美濃国《みののくに》（岐阜県南部）に親子で落ち延びていった。

応仁の乱後、九代将軍として活躍したのは八代将軍・義政の子義尚《よしひさ》（一四六五〜八九）であった。彼は、自ら大名たちを従えて近江国《おうみのくに》（滋賀県）に遠征するなど、将軍としての武威《ぶい》を内外に見せつけた。しかし、程なくして病死してしまい、しかも世継ぎになる男子がいなかった。そこで、次期将軍として足利義視の子、義稙が選ばれた。

こうして、義稙は十代将軍へ就任することになった。時に延徳《えんとく》二年（一四九〇）のことである。しかし、義稙の将軍就任には反対者もいた。その一人が有力大名・細川政元であった。彼は義稙ではなく、足利義澄（義稙の従兄弟《いとこ》。31頁の系図を参照）を次期将軍に推薦していたという。だが、政元の意見は通らなかった。その結果、義稙が晴れて新将軍になった。

しかし、細川政元は義稙に対し、心穏やかならぬ感情を抱いたであろうことは想像に難くない。そしてこのことが、のちに起きる「明応の政変」発生の伏線になっていく。

細川政元の見事な早業

さて、こうして義稙が十代将軍となった。すると彼は、すぐさま積極果敢な行動に打って出た。敵対する大名たちをつぎつぎに討伐していったのである。

すなわち、まず将軍になって一年後の延徳三年（一四九一）、近江国の大名・六角高頼《ろっかくたかより》（?〜一五二〇）を討ち、これを南近江の山奥に押し込めた。次いでその直後の明応二年（一四九三）二月には、今度は河内国《かわちのくに》（大阪府東部）の大名・畠山基家《はたけやまもといえ》（一四六九〜九九）を討つべく、大軍を率いて京都を出陣した。義稙はここでも戦いを優勢に進めていた。

だが、この時に京都で大事件が起きた。

細川政元が、将軍不在の京都で挙兵したのである。「明応の政変」の始まりである。明応二年（一四九三）四月二十二日のことであった。

政元は「将軍義稙を廃位とする。そして、新将軍には足利義澄を立てる」と宣言した（『親長卿記《ちかながきょうき》』明応二年〔一四九三〕四月二十二日条ほか）。そのうえで、彼はただちに配下の諸将に命じ、京都にいた義稙の弟・妹や側近たちを襲った。その結果、京都における義稙の拠点は一掃された。政元の見事な早業であった。どうやら彼は、周到に準備したうえで政変を決行したようである。

政変後、幽閉された義稙

一方、河内に在陣する将軍義稙の周辺では「細川政元が京都で挙兵した」との知らせに衝撃が走った。義稙のもとにいた将軍直臣たちは、その多くが義稙を見捨て、京都へ立ち去ってしまった（『蔭《いん》凉軒日録《りょうけんにちろく》』明応二年〔一四九三〕四月二十五日条ほか）。また大名たちも、ある者は京都に向かい、ある者は河内での戦闘を中止して陣地を移した。義稙から距離を置いたのである。これによって義稙はたちまち苦境に陥った。

細川政元はこうした状況を見て、義稙を捕らえるために大軍を河内国へ派遣した。時に明応二年閏《うるう》四月三日のことである。細川の大軍は、河内の義稙陣所を襲った。これに対し、義稙方は抵抗を試みたが、細川方に圧倒され、降伏した（『晴富宿禰記《はるとみすくねき》』明応二年〔一四九三〕閏四月二十五日条ほか）。

その結果、義稙の重臣・畠山政長《はたけやままさなが》（一四四二～九三）は自害した。また、義稙の側近中の側近だった葉室光忠《はむろみつただ》（一四五一～九三）は、斬られた。そして義稙は、捕縛された。

それから数日後の五月二日、義稙は細川方の軍勢に護送されて京都に入り、細川の重臣邸に幽閉された。この結果、新将軍（十一代将軍）には、細川政元の擁立した足利義澄が就任する、ということが決まった。

こうして、四十日間に及ぶ、未曾有の将軍廃立事件は終結した。

越中国に逃亡した義稙

だが、話はこれで終わり、というわけではなかった。

前将軍・義稙が脱走したのである（『親長卿記』明応二年〔一四九三〕七月一日条）。彼は京都の幽閉先を抜け出し、越中国《えっちゅうのくに》の放生津《ほうしょうづ》（富山県射水《いみず》市）に向かった。越中は、義稙の重臣だった故・畠山政長の領国であった。そのため、細川氏の権力が及ばなかったからである。

越中に入った義稙は「越中公方《くぼう》」とも呼ばれ、さっそく日本列島各地の大名たちに「細川政元を討て」と号令を発した。これを受け、北陸を中心に少なからぬ大名たちが義稙に忠誠を誓った。この結果、日本列島は二つの勢力に分裂することになった。

すなわち、「細川政元が擁立した新将軍・義澄を支持する大名たち」と「前将軍・義稙を支持する大名たち」である。そして、両者の対立はその後も長く続き、日本列島に戦乱を引き起こしていくことになる（山田：二〇〇〇）。

二　なぜ細川政元は将軍を廃立したのか？

主な二つの説

以上が「明応の政変」と呼ばれる事件の経緯である。

では、なぜ細川政元は将軍廃立の挙兵を決断するにいたったのだろうか。この点についてはさまざまな説が出されているが、ここでは主なものを二つ取り上げ、簡潔に紹介しておこう。

①「義稙を排除しようとした」説

先にも述べたように、細川政元は義稙の将軍就任に反対していた。そうしたこともあってか、どうやら二人の関係はあまり良くはなかったようである。たとえば政変直後、次のような噂《うわさ》が広まっている。

すなわち、「細川政元は義稙にいろいろ意見を述べていた。しかし、義稙はこれを聞き入れず、かえって政元を討とうとした。だから政元は挙兵したのだ」というものである（『大乗院寺社雑事記《だいじょういんじしゃぞうじき》』明応二年〔一四九三〕閏四月十日条）。こうした噂が広まっていることも、二人の不和を示唆しよう。そこで細川政元はついに義稙を排除すべく挙兵に及んだ、というわけである（田中：一九二三、山田：二〇一六）。

②「義稙の重臣・畠山政長を排除しようとした」説

義稙の重臣に畠山政長がいた。この政長は畿内の有力大名であり（今の大阪府などを領国としていた）、同じ畿内の有力大名であった細川政元とはライバル関係にあった。それゆえ、細川政元にとって畠山政長は目障りな存在だった。

そこで、細川政元は挙兵し、ライバルである畠山政長の追い落としをはかった、というのである。この説のとおりだとすれば、「明応の政変」とは、将軍廃立が目的だったというよりも、細川政元と畠山政長との権力闘争であった、ということになろう（末柄：一九九二）。

三　なぜ大名や将軍直臣たちは、細川政元に反対しなかったのか？

将軍を見捨てて帰京

ところで、挙兵した細川政元に対し、周囲の大名たちは明確に反対しなかった。これはどうしてなのだろうか。

これについては次のような見方が示されている。すなわち、義稙の側近に葉室光忠という者がいた。彼は、もともとは天皇に仕える公家であったのだが、義稙の信頼を得てその腹心となった。そして、義稙からの信頼を笠《かさ》に着て権勢を振るった。そうしたことから、大名たちはこの葉室をはなはだ憎んだ。

そこで、細川政元は挙兵にあたり、葉室光忠を排除する姿勢を示した。それゆえ、葉室光忠に反感を抱いていた大名たちも政元に反対しなかった、というのである。もしこの説が正しければ、細川政元以外の大名たちは、葉室光忠を排除するために政変に協力した、ということになろう（田中：一九二三、小池：二〇一五）。

では、義稙の周辺にいた将軍直臣《じきしん》たちは、なぜ将軍廃立を強行しようとする細川政元に対し、十分に抵抗しなかったのだろうか。

将軍直臣といえば、将軍（義稙）の親衛隊である。しかし、直臣らの多くは細川政元の挙兵を知ると、義稙を見捨てて帰京し、足利義澄についていてしまった。なぜだろうか。この点については、従来の研究では二つの要因が挙げられている。以下、簡単に紹介しよう。

①「義稙と将軍直臣との人間関係が希薄だった」説

先にもふれたように、義稙は将軍になる前、長らく美濃国（岐阜県南部）で生活していた。その後、彼は京都に戻って将軍になったのだが、「明応の政変」発生時、京都に戻ってからまだ二年余りしか経《た》っていなかった。したがって、京都で生活していた将軍直臣たちとは、いまだ十分な人間関係を構築できていなかった。それが、直臣たちが離れていく要因だった、というわけである（設楽：一九八七）。

②「日野富子や伊勢氏らが細川政元支持に回ったから」説

もう一つの説は「日野富子《ひのとみこ》らが義稙の廃位を支持したからだ」というものである。八代将軍・義政の御台所《みだいどころ》（＝正妻）にして九代将軍・義尚《よしひさ》の生母であった日野富子（一四四〇〜九六）は、直臣たちから尊崇されていた。また、将軍直臣に伊勢貞宗《いせさだむね》（一四四四〜一五〇九）という者がいた。この伊勢氏は将軍直臣屈指の名門で、直臣たちを代表する立場にあった。そして、日野富子と伊勢貞宗は、「明応の政変」の際にはそろって細川政元に味方し、「義稙を廃位とし、足利義澄を新将軍に擁立する」ことを容認していた。

こうしたことから、将軍直臣たちは義稙を見捨て、日野富子や伊勢貞宗の支持する足利義澄に味方した、というわけである（山田：二〇〇〇）。

四　政変後の、将軍と細川氏の力関係とは？

互いを必要とする関係

さて、「明応の政変」は、その後の幕府にどのような変化をもたらしたのであろうか。

この政変で足利義澄が新しい将軍（十一代将軍）になった。義澄にとって、自分が将軍になれたのは細川政元のおかげである。また、義澄の将軍としての地位は、細川政元の支持があってはじめて安定した。

したがって、義澄は政元の意向を尊重せざるをえなくなった。こうして政変後、将軍に対する細川家の影響力は政変前に比べて大きくなった。そしてこのような状況は、義澄以降の歴代将軍にも引き継がれた。よって、「明応の政変」は将軍と細川氏の関係に変化をもたらしたと指摘できよう。

ただし、将軍は「明応の政変」後、細川氏の傀儡《かいらい》（＝あやつり人形）になったわけではなかった。将軍はこれ以降も、自ら政務を決裁し、独自に裁判を実施し、将軍としての自立性を保っていた。細川氏の影響力は強くなったが、将軍が完全に無力化したわけではなかったのである。

おわりに――「戦国時代の始まり」の年

「明応の政変」は、戦前から歴史学界において注目されてきた。

たとえば、戦前に発表された代表的な歴史書に、田中義成《たなかよしなり》の名著『足利時代史』がある（田中：一九二三）。そこでは、まだ「明応の政変」という事件名は用いていないものの、「細川政元の将軍廃立」という章でこの事件の経緯が説明されている。

戦後に入っても、「明応の政変」は〝戦国時代の始まり〟をもたらした画期的な事件として注目されてきた。それゆえ、一九七〇年代半ば以降には、この政変そのものを対象とした研究もさかんに行われるようになった。「明応の政変」という事件名が登場するのも、このころである（青山：一九八三ほか）。

その後、研究の進展にともなって、「明応の政変」以降も幕府がある程度は地方に対する影響力を持っていたことが明らかになってきた。しかし、現在においても「明応の政変」の起きた一四九三年（明応二）は〝戦国時代の始まり〟とされることが多い。それは、この年に東国でも大きな事件が起きていたからである。

東国には、足利将軍家の東国支配を担った、将軍家一族の「堀越公方《ほりごえくぼう》」がいた。その堀越公方の本拠地がやはり一四九三年(明応二)に、伊勢宗瑞《そうずい》(北条早雲《ほうじょうそううん》。一四三二〜一五一九)によって攻略されたのである。つまり、一四九三年は室町幕府にとって、京都では「明応の政変」、東国では「堀越公方府の攻略」という大きな事件が重なり、その支配体制が大きく動揺した年だったのである(近年はこの二つの事件は密接に関連していた、という説が出されている〔家永:一九九五〕)。

そうしたことから「一四九三年(明応二)」は、〝戦国時代の始まりの年である〟という見方が学界で広く見られるようになったのである(勝俣:一九九六)。

【主要参考文献】

青山英夫「「明応の政変」に関する覚書」(『上智史学』二八号、一九八三)

家永遵嗣「足利義高・細川政元政権と今川氏親・伊勢宗瑞」(同著『室町幕府将軍権力の研究』東京大学日本史学研究室、一九九五)

勝俣鎮夫「戦国大名「国家」の成立」(同著『戦国時代論』岩波書店、一九九六、初出一九九四)

小池辰典「明応の政変における諸大名の動向」(『白山史学』五一号、二〇一五)

設楽薫「足利義材の没落と将軍直臣団」(『日本史研究』三〇一号、一九八七)

末柄豊「細川氏の同族連合体制の解体と畿内領国化」(石井進編『中世の法と政治』吉川弘文館、一九九二)

田中義成『足利時代史』（講談社学術文庫、一九七九、初出一九二三）
山田康弘「明応の政変直後の幕府内体制」（同著『戦国期室町幕府と将軍』吉川弘文館、二〇〇〇）
山田康弘『足利義稙』（戎光祥出版、二〇一六）

【さらに詳しく学びたい読者へ】

設楽薫、田中義成の論文・著書は、「主要参考文献」にも入っているが、ぜひ読んでほしいので、こちらの欄でも掲示した。

①田中義成『足利時代史』（講談社学術文庫、一九七九、初出一九二三）
②横尾国和「明応の政変と細川氏内衆―上原元秀―」（『日本歴史』四二七号、一九八三）
③設楽薫「足利義材の没落と将軍直臣団」（『日本史研究』三〇一号、一九八七）
④家永遵嗣「北条早雲研究の最前線」（北条早雲史跡活用研究会編・小和田哲男監修『奔る雲のごとく』北条早雲フォーラム実行委員会、二〇〇〇）

①は、室町・戦国時代の政治史研究の土台を築いた、戦前の代表的研究書である。「明応の政変」に関する基本的な事実関係を示している。なお、通史における「明応の政変」の位置づけについては、参考

文献の勝俣の論文のほかに、渡邊世祐『室町時代史』(『日本時代史』七、早稲田大学出版部、一九二六)、鈴木良一「戦国の争乱」(『岩波講座　日本歴史』八　中世四、岩波書店、一九六三)、小林清治「戦国争乱の展開」(『岩波講座　日本歴史』八　中世四、岩波書店、一九七六)、山田邦明「戦国の争乱」(『岩波講座　日本歴史』九　中世四、岩波書店、二〇一五)を参照していただきたい。

②は、「明応の政変」を推進した上原元秀(細川政元家臣。?〜一四九三)を取り上げた論文である。紙幅の都合により本稿では割愛した、細川家内部の対立を描く。

③は、足利義稙(義材)と家臣の関係を取り上げた論文である。「明応の政変」で失脚した、足利義稙側の事情を詳述する。

④は、伊勢宗瑞(北条早雲)の生涯を描いた、一般読者向けの文章である。「明応の政変」の経緯を詳細かつわかりやすく述べる。

⑤は、「明応の政変」で失脚した将軍・足利義稙の伝記である。「明応の政変」にかかわるその他の登場人物も一通り叙述しており、一般書のため手に取りやすい。

第Ⅱ部——戦国期足利将軍たちの〝生き残り戦略〟

〈第三章〉【足利将軍の裁判機関】

裁判制度からみた足利将軍の実像

山田　康弘

はじめに――傀儡説に再検討の余地あり

しばしば「戦国時代の足利将軍は、有力大名・細川《ほそかわ》氏の傀儡《かいらい》（＝あやつり人形）に成り果てていた」などといわれる。

たとえば、戦前における代表的な中世史家の一人であった田中義成《よしなり》は、大正十二年（一九二三）に刊行された『足利時代史』（講談社、一九七九、初出一九二三）のなかで、応仁《おうにん》の乱《らん》（一四六七〜七七年）以降の足利将軍について「将軍は徒《いたずら》に虚器を擁《よう》するのみとなり、その実権は細川氏に帰し、日を追うて衰弱に赴けり」と指摘した。

また現代でも、たとえば山川出版社刊行の高校用日本史教科書『詳説日本史B』（二〇一九）には

「一四九三（明応《めいおう》二）年に管領細川氏が将軍を廃する事件がおこり（明応の政変）、これを機に細川氏が幕府の実権を握った……」とある（一四八頁）。すなわち、応仁の乱以降、とりわけ明応の政変以降においては、足利将軍は重臣の細川氏によって実権を奪われ、傀儡になってしまった、とされているのだ。

しかし、この説には再検討の余地がある。このことを、戦国時代の「裁判」という観点から考えてみよう。

一　戦国時代には、どのような「裁判所」があったのか

いろいろな「裁判所」あり

戦国時代にも現代と同じように、裁判が実施されていた。ただ現代と違うのは、さまざまな権力者がいわば勝手に裁判を実施していたことである。

たとえば地方では、各地に割拠する大名（＝戦国大名）たちが、それぞれの領国内で独自に裁判を実施していた。すなわち、大名たちは領民からの訴えを受けて、彼らが持ついろいろな権利を保証したり、領民間で起きた紛争などを裁いたりしていたのだ。

また、大名の有力家臣の中には、自分の所領内において独自に裁判を実施している者もあった。さらに、京都の朝廷（天皇）に仕える公家衆や、大きな寺院・神社なども自分たちの領地（荘園《しょうえん》）内で独自に裁判を実施していた。

もとより朝廷もまた裁判を行っていた。戦国時代の朝廷というと、すっかり衰微《すいび》し、儀式ばかりやっていた、といったイメージが強いが、これは事実に反する。じつはこの時期にあっても朝廷は、公家衆や大寺院の領地争いとか、由緒ある神社の神官人事をめぐる争いごとなどについて、独自に裁判を実施し、問題解決を進めていたのだ。

さらに「村の裁判」というものもあった。すなわち、百姓たちもまた村落内で生起したいろいろな紛争を、領主とは別個に自分たちで独自に裁き、解決に導いていたのである。

原告が選べた「裁判所」

このように、戦国時代ではさまざまな「裁判所」が林立していた。そして、紛争を抱えた者＝原告はこれら多くの裁判所のうち、どこに訴訟を持ち込んでもよかった。

この点は、現代と大きく異なるといえよう。現代の日本では紛争を抱えた者は、原則としてまずは地方裁判所に訴訟を提起し、地裁の判決に不服ならば今度は高等裁判所に控訴する。そして高裁の判決に不満ならば、最後に最高裁判所に上告する、ということになっている。

だが、戦国時代ではどの裁判所に訴訟を持ち込んでもよかった。すなわち、権力者Aの裁判所に持ち込んでも、これとは別の、権力者Bのもとに訴訟を持ち込んでもよかった。そして、たとえば権力者Bの裁判所で満足した判決を得られなかった場合、同じ訴訟を、今度は権力者Cの裁判所に持ち込み、改めて裁判を依頼してもよかった。

では、紛争を抱えた者は、これら林立するさまざまな裁判所のうち、どのようなところに訴訟を持ち込み、解決を依頼していたのだろうか。

それは、最も「頼りになる」ところである。すなわち、きちんと自分に有利な判決を下してくれたうえに、その判決が、現在はもとより将来においてもしっかり実効性を持ちうる――そのような判決を下しうる裁判所である。紛争を抱えた者は、こうした「頼りになる」裁判所に訴訟を持ち込んだのだ。

したがって、どれだけ多くの訴訟が持ち込まれ、紛争の解決を依頼されていたのか、ということは、裁判所を主宰する権力者がどれだけの人びとから「頼りになる」とされていたのか、ということを示すバロメーターになりえた。では、戦国期の足利将軍家のもとには、どれほどの訴訟が持ち込まれていたのだろうか。

二　足利将軍家における裁判の実態

どのような訴訟が持ち込まれていたのか

一般に、戦国期の足利将軍家（幕府）については「もはや力を失って開店休業状態にあった」などといわれることが多い。しかし、じつは戦国期に至っても、将軍家のもとにはさまざまな人びとから数多くの訴訟が持ち込まれ、その解決を依頼されていた。そして、将軍家ではこうした依頼を受け、しきりに裁判が実施されていたのだ。つまり、けっして開店休業状態などではなかったわけである。

このことは、戦国期に将軍家に提出された訴状や、将軍家から出された裁判の判決文（の写し）が、現在においても大量に残されていることからも明らかである（なお、このうち訴状の主なものは『室町幕府引付《ひきつけ》史料集成』〔上・下巻、桑山浩然校訂、近藤出版社、一九八〇〕に、判決文のほうは『室町幕府文書集成・奉行人奉書編』〔上・下巻、今谷明・高橋康夫編、思文閣出版、一九八六〕に活字化されて収録されている）。これら訴状や判決文を見ると、

(1)将軍家に持ち込まれた訴訟の内容は、きわめて多岐にわたった。すなわち、金銭の貸し借りや売買をめぐるトラブルといったことから、土地をめぐる所有権争いに至るまで、京都やその周辺で

生起したいろいろな内容の訴訟が持ち込まれていた。

(2)こうした訴訟を将軍家に持ち込み、解決を依頼していたのは、京都やその周辺に住むさまざまな人びとであった。すなわち、京都やその郊外に住む公家・武士・寺院・神社といった諸領主、さらに京都の商工業者（町衆《まちしゅう》）、そして京都郊外の村落（百姓たち）などであった。

ということがわかる。

ちなみに、将軍家に裁判を依頼するには手数料が必要だった（手付金だけでも、現在の十万円以上ものお金が必要であった）。それにもかかわらず、多くの人びとが将軍家による裁判を希望していたのである。このことは、将軍家が戦国期に至っても、なお多くの人びとから裁判機関として「頼りになる」と認識されていたことを示していよう。

では、将軍家に持ち込まれた訴訟は、どのように裁かれていたのだろうか。

「御前沙汰」と「政所沙汰」の二つあり

将軍家では通常、訴訟は内容によって二つの方式によって裁かれた。それは「御前沙汰《ごぜんさた》」と「政所沙汰《まんどころさた》」である。

このうち後者の政所沙汰によって裁かれたのは、金銭の貸し借りや土地の売り買いをめぐるトラブルといった、京都内外で生起した比較的軽微な経済関係の訴訟であった。一方、それ以外の訴訟——たとえば、土地の相続や権利をめぐる争いといった訴訟については、前者の御前沙汰と呼ばれる方式によって裁かれていた。

では、まずは御前沙汰について簡単に紹介しよう。ただし、御前沙汰の手続きは時期によって多少の違いがあるので、ここでは戦国時代の中ごろ、十二代将軍・義晴《よしはる》時代（在位一五二一〜四六）の御前沙汰を取り上げ、その基本的な手続きを説明していこう。

「御前沙汰」とはどのような方式か

義晴の時代、御前沙汰による裁判を希望する者は、まず訴状を作成し、これを将軍家の「奉行人《ぶぎょうにん》」と呼ばれる人びとに提出することになっていた。

この奉行人というのは、裁判などの事務を担当する中堅官僚のことであり、御前沙汰に携わる奉行人は通常、十五人前後いた。彼らは世襲制で、その多くは鎌倉幕府のころから先祖代々、裁判事務に携わってきた家の出身者である（主な奉行人の家としては松田、諏《す》方《わ》、斎藤、飯《い》尾《お》氏などがあった）。したがって、彼ら奉行人は皆、〝裁判のスペシャリスト〟であった。紛争を抱えた者は、このような奉行人にまずは訴状を提出したのだ。

さて、奉行人は訴状の提出を受けると、訴状の内容などについて吟味した。訴状に遺漏《いろう》や虚偽がないか、といったことを調査したわけである。また、必要に応じて原告・被告双方に事情聴取をし、あるいは双方を召し出して対決させる、ということもあった。

奉行人はこうした手順によって吟味を進め、それが済むと、吟味の結果などを「内談衆《ないだんしゅう》」に報告した。内談衆とは、将軍たる義晴の側近のことであり、義晴と個人的に親しく政務に練達した近臣らが義晴によって任じられ、六、七人前後いた。

彼ら内談衆は、奉行人側から報告を受けると「訴訟をどのように措置すべきか」を評議した。そして評議の結果、「さほど重要でない」と内談衆たちの間で判断された場合は、その訴訟は義晴に報告されずに内談衆だけで判決を下した。内談衆は義晴お気に入りの家臣たちであり、それゆえ、義晴から最終決定権の一部を委ねられていたのだ。

一方、「重要だ」と判断された場合は、内談衆が「手日記《てにっき》」と称される専用文書に助言を記して義晴に上申し、その裁可を仰いだ。すると義晴は、「手日記」に記された内談衆からの助言を参考にしつつ、「○○を勝訴にせよ」といった判決を下し、これを内談衆に知らせた。なお、義晴は判決を下す際、内談衆からの助言を重視はしたが、これに拘束されることはなかったようである。

さて、義晴から判決を伝えられた内談衆は、この判決を奉行人に伝えた。すなわち、内談衆は「義晴様は○○を勝訴にせよと仰せなので、そのとおりに判決文を作成せよ」という指示を、「賦《くばり》」と称される専用の文書によって奉行人に与えたのだ。すると、奉行人はこの指示に基づき、今日の古文書学で「幕府奉行人奉書《ばくふぶぎょうにんほうしょ》」と呼ばれている専用の判決文を作成し、これを勝訴者に下した。

これによって、御前沙汰の手続きは完了したのである。

「政所沙汰」とはいかなる方式か

次に、政所沙汰の基本的手続きを簡潔に紹介しよう。

政所沙汰は将軍家の「政所方《まんどころがた》」という部局が担当した。そのトップを「政所頭人《とうにん》」といい、伊勢《いせ》氏がおおむねこれを世襲した。この伊勢氏というのは、鎌倉時代の昔から足利氏に仕えてきた将軍家譜代家臣の家であり、伊勢氏による政所頭人職の世襲は、三代将軍・義満《よしみつ》（一三五八〜一四〇八）のころから一時期を除いて戦国末に至るまで、二百年以上にもわたって続いた。

また、政所頭人を補佐する「政所代《まんどころだい》」というポストもあった。こちらは、伊勢氏が頭人の時は同氏の重臣・蜷川《にながわ》氏（当主は代々、蜷川新右衛門尉《しんうえもんのじょう》と称した）が就任する、ということになっていた。

さて政所沙汰は、以上のような政所頭人（伊勢氏）、政所代（蜷川氏）、そして奉行人によって進められた。なお、奉行人とは先ほど述べた、事務を担当する中堅官僚のことであり、政所沙汰に携わる奉行人はとくに「政所寄人《よりうど》」と呼ばれ、御前沙汰と同じく十五人前後いた（御前沙汰・政所沙汰の双方に携わっている奉行人も多かった）。では、この政所沙汰はどのように進められたのだろうか。

まず、政所沙汰による裁判を希望する者は、訴状を作成し、これを政所代に提出した。すると、政所代は十五人前後いた奉行人たちの中から担当者を選び、その奉行人に訴状を送った。次いで奉行人は、政所代から訴状を送られると、訴状の内容などについて吟味した。

すなわち、訴状に遺漏や虚偽がないかを調査したのであり、必要に応じて原告・被告双方に事情聴取し、あるいは双方を召し出して対決させる、ということもあった（これらの点は御前沙汰と同じである）。そしてこれが済むと奉行人は、吟味の結果などを政所代を通じて政所頭人に報告した。

すると、これを受けて政所頭人は「○○を勝訴にせよ」といった判決を下し、政所代に伝えた。次いで政所代は、頭人から伝えられた判決を奉行人に伝えた。すなわち、奉行人に「政所頭人は○○を勝訴にせよと仰せなので、そのとおりに判決文を作成せよ」という指示を、専用の文書によって奉行人に与えたのだ（この文書は「賦《くばり》」と称された）。

すると、奉行人はこの指示に基づき、今日の古文書学で「幕府奉行人奉書」や「頭人加判《かはん》奉書」と呼ばれている専用の判決文を作成し、これを勝訴者に下した。

これによって、政所沙汰の手続きは完了したのである。

重職だった政所頭人

さて、政所沙汰の手続きで注意すべきは「将軍やその側近らは、基本的には政所沙汰にタッチしなかった」ことだろう。つまり政所頭人は、政所沙汰については将軍にいちいち了解を得ることなく、自分の判断だけで最終的な判決を下すことが可能だったわけである。

これは、政所沙汰によって裁かれる訴訟が、比較的軽微なものが多かったからだろう。軽微だったがゆえに、政所沙汰は将軍から切り離され、政所頭人にすべて任されることになったと考えられる。

しかし、戦国期に入って将軍の全国支配力が次第に低下するにつれて、将軍にとって京都の重要性は飛躍的に増していった。そしてそれにともない、政所沙汰もその重要度が格段に高まっていった。というのは、政所沙汰では先に述べたように、京都内外で生起した経済関係の裁判がなされたので、その結果が京都支配に直結していたからである。

そうなると、政所沙汰が頭人――このポストを独占する伊勢氏にすべて任されている、ということは、将軍やその側近たちにとっては次第に不都合になっていった。しかも、戦国期末に伊勢氏当主だった伊勢貞孝《さだたか》（?～一五六二）は、しばしば十三代将軍・義輝《よしてる》（一五三六～六五）に叛《そむ》いた。

そうしたことから、伊勢氏は義輝の時代に粛清《しゅくせい》されてしまった。すなわち、永禄《えいろく》五年（一五六二）九月に伊勢貞孝は討たれ、その後は義輝によって伊勢氏ではなく、義輝近臣の摂津《せっつ》晴門《はるかど》が政所頭人に任じられたのであった。

裁判の迅速化と裁判手数料

戦国期においても、足利将軍家には多くの訴訟が持ち込まれていたことから、これら多くの訴訟をいかに効率よく、迅速に裁いていくか、ということが大きな課題になっていた。そこで、将軍家ではこの課題を克服すべく、さまざまな工夫がなされた。

たとえば「土地を実際に所有している者が、その所有確認を求める」といった、あまり審査するまでもないような訴訟については、煩雑な手続きはこれを省略し、ただちに判決文が下されるようにしていった。こうすることで、裁判の迅速化を図ったわけである。

もっとも、裁判は迅速に進めればそれでよい、というわけではない。なによりも「正しい」判決を下し、人びとの信頼を得ていくことが肝要であった。いい加減な裁判をし続けると、将軍家は裁判機関としての信頼性を失いかねない。そうなれば、人びとはもはや将軍家に訴訟を持ち込み、紛争の解決を依頼しなくなるだろう。

そのようなことになってしまうと、将軍家は、裁判にともなう手数料収入を失うことになる。将軍家としては、それは避けねばならない。なぜならば、手数料収入は貴重であったからである。とりわけ戦国期に入り、大名たちからの献金が減ってくると、この収入はより貴重になっていった。したがって、将軍家としてはこれを失うわけにはいかなかった。

判決の信頼性を支える「意見」制度

そこで、将軍家では裁判の迅速化が図られる一方で、「正しい」判決を下すための工夫もなされた。

その一つが「意見」という制度である。これがどのような制度であったのか、十二代将軍・義晴時代の御前沙汰を例にして簡単に説明しておこう。

そもそも、義晴時代の御前沙汰では、先に述べたように義晴やその側近である内談衆が最終的な判決を下していた。しかし、彼らは裁判の専門家ではないことから、判決を下す際に専門知識を必要とするような訴訟については、彼らだけでは誤った判決を下しかねなかった。そこで、義晴や内談衆らはこういった煩雑な訴訟を裁かねばならない場合、裁判のスペシャリストである奉行人たちに「どうすべきか」と諮問した。

すると奉行人たち（先述のように、御前沙汰に携わっていた奉行人は十五～二十人ほどいた）は、一カ所に集まって相談し合った（通常は奉行人たちの筆頭である「公人《くにん》奉行」邸に集まった）。そして奉行人らの統一した見解を案出すると、これを専用の書式でもって文書に記し、義晴らに提出した。

この奉行人らの統一見解のことを「意見」といった。また、これが書かれた文書を「意見状」と称し、義晴や内談衆らは意見状が奉行人たちから上申されてくると、その内容に従って判決を下した。こうすることで誤審を避けたわけである。

また、義晴や内談衆たちは判決文と一緒に「意見状」を勝訴者に渡すこともあった。こうすることによって「この判決文は、裁判のスペシャリストたる奉行人たちの「意見」に従った「正しい」判決である」ということを勝訴者に示し、判決の信頼性を得ようとしたのである。

以上が「意見」という制度であった。

将軍は、裁量権を拘束されていたのか

ところで、義晴や内談衆の間では「奉行人たちから「意見」が上申されたならば、これに従って判決を下すべきだ」という認識が定着していた。

そうしたことから、かつて学界では「義晴や内談衆らは、判決の裁量権を奉行人たちの意向に拘束されていた。すなわち、御前沙汰での判決は義晴らではなく、奉行人たちによって実質的にはすべて決められていた」といった見方があった（笠松宏至『日本中世法史論』第四章、東京大学出版会、一九七九）。

しかし、この見方は誤りのようである。というのは、義晴が奉行人たちの「意見」に拘束されず、これに反した判決を下すこともあったからである。また、奉行人たちは、義晴や内談衆から求められてはじめて「意見」を上申することが可能であり、「意見」を自由に義晴らに上申できたわけではなかった。そして、義晴らから奉行人たちに「意見」が求められるのは、一部の訴訟（判決にあたって専門知識を要する、など）を裁く場合に限られていた。それ以外の訴訟では「意見」は求められず、義晴や内談衆が自らの裁量で判決を下していたのである。

こうしたことを勘案《かんあん》したならば、御前沙汰の判決がすべて奉行人たちによって決められていた、と

か、義晴らは奉行人たちにその裁量権を拘束されていた、とはいえない。たしかに義晴の周辺では「「意見」のとおりに判決を下すべきだ」とする考えがあった。しかしそれは、裁判機関としての信頼性を担保するための、義晴らの自己規制といった意味合いが強く、その裁量権を奉行人に拘束されていたわけではなかった、といえよう。

おわりに――将軍は細川氏の傀儡にあらず

これまで述べてきたことを、簡単にまとめておこう。

(1)戦国時代ではさまざまな裁判所が林立していた。そして、紛争を抱えた者はこのうち最も「頼りになる」と判断したところに訴訟を持ち込み、解決を依頼することが可能であった。

(2)足利将軍家のもとには、戦国期に至っても多くの訴訟が持ち込まれ、紛争解決が依頼されていた。そして将軍家では、こうした訴訟を「御前沙汰」と「政所沙汰」という二つの方式によって裁いていた。

(3)このうち「御前沙汰」(義晴期)では将軍や側近たちによって判決が下され、「政所沙汰」では政所頭人によって判決が下されていた。また、迅速な裁判を進め、「正しい」判決を下すべく、「意見」制度などさまざまな制度的な工夫もなされていた。

さて、冒頭で述べたように、戦国時代の足利将軍家については「有力大名・細川氏の傀儡（＝あやつり人形）に成り果てていた」といわれてきた。もしこれが正しければ、将軍家における裁判は細川氏がつねに主導していたはずである。

しかし、これまで見てきたように実際はそうではなかった。将軍やその側近、政所頭人や奉行人といった将軍直属の家臣たちが活躍していたのだ。したがって、将軍家が戦国時代を通してずっと細川氏に牛耳られていた、という見方は誤りである可能性が高い。つまり、将軍は細川氏の傀儡になっていた、という評価は再検討を要するといえるのだ。

【主要参考文献】

山田康弘『戦国期室町幕府と将軍』（とくに第三章・第四章。吉川弘文館、二〇〇〇）

【さらに詳しく学びたい読者へ】

戦国期の御前沙汰や政所沙汰に関する史料は意外に多く残っており、活字化もされている。その主なものは以下の五点である。

①『大館常興日記』（増補続史料大成、臨川書店、一九六七）
②『蜷川親俊日記』（増補続史料大成、臨川書店、一九六七）
③『蜷川家文書』（『大日本古文書』家わけ二一）
④『室町幕府引付史料集成』（桑山浩然校訂、近藤出版社、一九八〇）
⑤『室町幕府文書集成・奉行人奉書編』（今谷明・高橋康夫編、思文閣出版、一九八六）

①は、十二代将軍・義晴に側近として仕えた者の日記であり、②は、同じころに政所代を務めた蜷川親《ちか》俊《とし》（?～一五六九）の日記である。③は、その蜷川家に伝えられた古文書類を集めたものであり、④は、戦国期の将軍家に提出されたさまざまな訴状類を整理して集めたもの、そして⑤は、将軍や政所頭人が下した判決文を集めた史料集である。

また、御前沙汰・政所沙汰の具体的な手続きについて学びたい人は、「主要参考文献」でも挙げた拙著『戦国期室町幕府と将軍』をさしあたり参考にするのがよいだろう。

〈第四章〉
【直属軍と治安維持】

足利将軍の「軍事・警察力」は、どの程度あったのか？

木下　昌規

はじめに――戦国期の将軍の「力」

戦国期における足利将軍の軍事力は、どの程度あったのだろうか。また、この時期の将軍は、お膝《ひざ》元《もと》である京都の治安を保つ警察力をどのくらい有していたのだろうか。これら「軍事・警察力」は、文字どおり足利将軍の「力」を示すものであり、戦国期の将軍権力を見るうえで欠かすことができないテーマである。

そこで本稿ではこれらの点について、現段階でわかっている最前線の研究成果を紹介していきたい。

一　室町期、将軍直属軍はどのくらいの兵力があったのか

小規模な直属軍

そもそも足利将軍に直属する兵力は、本来どのくらいあったのだろうか。

戦国時代の前の室町時代、将軍に直属する兵力の中核だったのは、将軍の直臣《じきしん》によって構成されていた「奉公衆《ほうこうしゅう》」と呼ばれる人たちであった。すなわち、彼ら奉公衆は五つの「番《ばん》」（＝部隊）に分かれ、平時には将軍御所の警固番を交代で務めた。また、将軍に何か有事が発生した際には、兵を率いて将軍のもとに駆けつけたのだ。こうした、奉公衆と彼らに率いられた兵たちの総数が「将軍直属軍」の兵力であった。

では、その規模はどのくらいだったのだろうか。

奉公衆は、室町時代ではおよそ三百〜三百五十家程度存在しており、その動員兵力は三千〜五千人程度であったと見られる。これが将軍直属軍となったのだ。たとえば、三代将軍・義満《よしみつ》期（在位一三六八〜九四年）の明徳《めいとく》二年（一三九一）に「明徳の乱」（有力大名・山名《やまな》氏が将軍義満に反逆した事件）が起きた時、義満の率いていた直属兵力は三千余騎だったとされている（「明徳記」『群書類従《ぐんしょるいじゅう》』第二十輯《しゅう》、続群書類従完成会、一九二三）。

ところで、読者には「足利将軍の直属軍がたった三千くらいか」と意外に感じられるかもしれない。たしかに、徳川将軍は俗に「旗本八万騎」といわれるような巨大な直属軍を擁していたから、それと比べれば、足利将軍の直属軍はまことに小規模であったといえよう。

しかし、足利将軍の体制では「将軍有事の際には、各地の大名たちも兵を率いて将軍のもとに駆けつける」ということになっていた。そのため、将軍直属軍が三千程度であったとしても、なんとか大きな問題にはならなかったのである。

二　戦国期の将軍直属軍の実像

「明応の政変」と奉公衆

さて、このように将軍直属軍の中核は奉公衆だった。そしてこの奉公衆の組織は、応仁《おうにん》の乱《らん》（一四六七～七七年）によっても解体されることなく、維持された。

その後、「明応《めいおう》の政変《せいへん》」が起きた。これは、明応二年（一四九三）に当時将軍（十代将軍）だった義《よし》稙《たね》（一四六六～一五二三）が廃位となり、代わって義澄《よしずみ》（一四八〇～一五一一）が十一代将軍に立てられた事件である。従来の研究では、この政変によって奉公衆の軍事的役割は消滅してしまった、とされてきた（福田：一九九五）。しかし、どうもそのようなことはなかったようである。

明応の政変によって、奉公衆は「前将軍・義稙を支持する者」と「新将軍・義澄を支持する者」とで二つに分裂してしまった。また、このあと将軍家が次第に弱体化し、奉公衆に十分な「御恩《ごおん》」（＝給与）を与えられなくなっていくとともに、奉公衆の中には「在京して将軍に直接奉公する」ということを怠り、地方にある領地に引きこもってしまう、という者も増えていった。

しかし、奉公衆の数がこうしたことで激減してしまった、というわけでもなかった。新規に奉公衆に加入した者もあり、奉公衆はそれなりの規模を保っていたようである（木下聡：二〇一八）。

戦国期の将軍直属軍とその兵力

では、戦国時代になって将軍直属軍（＝奉公衆とその兵たち）は、具体的にどの程度の兵力になっていたのだろうか。戦国期前半ともいうべき永正《えいしょう》十七年（一五二〇）の史料によれば、「公方《くぼう》奉公衆二千余」が将軍のもとにあったと見える（『永正十七年記』五月三日条）。

戦国期半ばの天文《てんぶん》二十一年（一五五二）正月、十三代将軍・義輝《よしてる》（一五三六〜六五）が亡命していた近江国《おうみのくに》（滋賀県）から帰京した。その際の記録（『言継卿記《ときつぐきょうき》』天文二十一年正月二十八日条）によれば、この時義輝に従った多くの奉公衆が手勢を率いて帰京しており、このうち最も多数の兵を率いていた奉公衆は伊勢貞孝《いせさだたか》（？〜一五六二）で、約五百人であったという。

また、同じく奉公衆の朽木稙綱《くつきたねつな》は二百人を率いて義輝に従い、以下、奉公衆・大館晴光《おおだちはるみつ》は百人、上野信孝《うえののぶたか》は百人、大館晴忠《はるただ》は五十人、細川晴経《はるつね》は五十人を率いていたとある。これだけでもおよそ千人の兵力である。

同じ年の十月には「将軍直属軍二千人が出陣した」との記録があり（『言継卿記』天文二十一年十月二十日条）、やや下って永禄《えいろく》元年（一五五八）五月に将軍義輝が出陣した際、その兵力は二千人であったという（『言継卿記』同月三日条）。さらに永禄七年（一五六四）七月二十九日に将軍義輝が日吉《ひよし》大社（滋賀県大津市）に社参した際には、三千人の兵が将軍に従ったという（『兼右卿記《かねみぎ》』同日条）。

こうした事実から考えて、戦国期の将軍直属軍は二千〜三千人くらいであったと判断してよかろう。すなわち将軍直属軍は、足利将軍の全盛期だった室町時代と比べて多少は縮小したものの、規模の上ではそう大きく変わらなかったわけである。

最後の将軍・義昭時代の将軍直属軍

さて、最後の将軍である足利義昭《よしあき》（一五三七〜九七）のころには、将軍直属軍はどの程度あったのだろうか。

周知のように、義昭というのは十三代将軍・義輝の弟である。兄が家臣に殺される（永禄の変《えいろくのへん》）と織田信長《おだのぶなが》（一五三四〜八二）を頼り、信長によって永禄十一年（一五六八）に十五代将軍となった。この義昭のもとにどのくらいの直属軍があったのか、あまり明確ではない。

元亀《げんき》元年（一五七〇）六月に、義昭に仕える奉公衆たちが京都周辺を警戒すべく出陣した際、その兵力は二千余人であったという。また、同年八月末に奉公衆たちが摂津国《せっつのくに》（大阪府北部・兵庫県東部）に出陣した際にも、その兵力は同規模だったという（以上、『言継卿記』同年六月二十日、八月三十日条ほか）。

また、義昭はその後に信長と次第に対立し、元亀四年（一五七三）にはついに信長に対して兵を挙げるのだが、その際に義昭に近侍《きんじ》していた兵力は三千七百余人だったという（「細川家記二」『大日本史料』第十編之十六所収）。こうした事実を考え合わせれば、義昭の直属軍はおおよそ二千～三千人前後であったと思われる。

そうだとすると、将軍直属軍は多少の変動があるにせよ、室町時代よりだいたい二千～三千人の間で推移し、それは戦国時代の末までおおむね維持されていたといえよう。もっとも、この程度の兵力では、数万規模の軍事動員が可能となった戦国大名とは勝負にならない。そのため、大名勢力と軍事衝突した場合、将軍直属軍のみでは圧倒的に将軍側は不利であった。それゆえ、将軍はどこかの大名に頼らなくてはならなかった。

義昭もまた信長を頼り、次いで毛利《もうり》氏など複数の大名を頼った。その理由は将軍直属の軍事力の弱小さにあったのである。

三　戦国期、京都の治安維持の実態

活動の中心部局は「侍所」

次に、足利将軍のお膝元《ひざもと》・京都の治安維持はどのようになされたのかを見ていこう。

室町時代、京都の治安維持は将軍家の「侍所《さむらいどころ》」という部局が担った。この侍所は、長官である「所司《しょし》」（「頭人《とうにん》」ともいう）のもと、次官である「所司代《しょしだい》」、将軍家の事務官僚である「奉行人《ぶぎょうにん》」（十人前後いた）、下級職員である「雑色《ぞうしき》・小舎人《こどねり》」などによって構成されていた。

このメンバーで、京都での騒乱鎮圧や刑事事件などのトラブルに対処したのだ。ただしこのうち奉行人は、治安維持活動には参加せず、事務手続きや裁判の審議などを担当した。ちなみに、この奉行人たちの筆頭を「侍所開闔《かいこう》」といった。

ところで、こういった京都の治安活動には当然ながらそれなりの兵力が必要であった。

そこで、侍所の長官である所司には、通常は有力大名（赤松《あかまつ》・一色《いっしき》・京極《きょうごく》・山名《やまな》氏ら）が将軍によって任命されていた（次官である所司代は、所司になった有力大名の重臣が務めた）。また、所司の兵力だけでは足りない場合、在京していた大名が将軍の命令によって動員される、ということもあった（羽下：一九六三）。

さて、以上が室町期における侍所の概要であるが、戦国期に入ると侍所に組織上の変化が見られた。それは、所司や所司代のポストが廃絶したことである。

所司・所司代は、有力大名やその家臣が就任し、これまで侍所における治安活動の中心を担ってきたが、戦国期になると任命されなくなってしまった。ただし、このことは「侍所が機能停止になった」ということを意味するわけではない。というのは、戦国期には所司や所司代に代わり、「侍所開闔」がその仕事を継承したからである。

戦国期には、事務官僚が中心になる

先にも述べたように、侍所開闔というのは侍所の事務官僚である奉行人のトップであった。これが、戦国期には侍所の中心となり、所司や所司代に代わって京都の治安維持を担ったのだ。

具体的には開闔は、侍所の下級職員（＝雑色や小舎人など）や自分の家臣を率いて京都内で生起した刑事事件などに対応していった。こうした開闔の兵力は、だいたい二百〜三百人くらいであったようだ（『言継卿記』天文十四年〔一五四五〕六月十七日条ほか）。

これだけの兵力があれば、相手が数千規模の大名勢力でないかぎり、京都市内ではたいていの刑事事件にそれなりに対処できたであろう。もっとも、戦国期の将軍家は財政難が深刻で、侍所の下級職員たちへの給与の支払いも滞っていた。それゆえ、下級職員たちが十分に動いてくれない、といったこともあったようだ。

なお、開闔の兵力だけでは対処できないような場合には、将軍の命令で在京する奉公衆や京都内の公家衆、寺社などが軍事力を提供した（『言継卿記』天文十四年六月十五日条）。

「侍所開闔」の具体的な仕事とは？

侍所開闔の仕事内容をもう少し具体的に見ていこう。

興味深いのは、開闔の屋敷が「犯罪者の留置場」になっていたことである。そもそも、室町時代〜戦国時代では、犯罪者は被害者や周囲の者がこれを捕縛してよかった。では、捕まった犯罪者はどこに押し込められたのだろうか。

戦国期の記録を見ると、犯罪者はしばしば開闔の屋敷に引き渡されていたことがわかる（『言継卿記』永禄十二年〔一五六九〕五月七日条ほか）。どうやら、開闔の屋敷は留置施設として機能していたようなのだ。ちなみに、かつて所司や所司代が侍所の中心だったころは、所司代の屋敷が留置場となっていた（『長興宿禰記《ながおきのすくねき》』文明十三年〔一四八一〕四月二十六日条ほか）。その役割を、戦国期には開闔の屋敷が引き継いでいたわけである。

また、開闔は犯罪者の留置だけでなく、取り調べや処刑も実施していた。なお、こういった仕事内容から開闔は「ケガレ」の対象とされた。それゆえ開闔になった奉行人は、神聖な伊勢神宮関係を担当する「神宮方《じんぐうがた》」という機関の職員を兼任することはできない、ということになっていたという（東京大学史料編纂所《へんさんじょ》架蔵写真本「室町幕府諸奉行次第」）。

ところで、開闔は将軍からの諮問を受けて、将軍にさまざまな意見具申もしていた。その内容は、京都の治安維持や侍所の下級職員に関するものが多かった。開闔はこうした意見具申という形で、将軍に対して一定の発言権を保持していたのである。

さて、以上のように戦国期の開闔は、犯罪人の捕縛や取り調べ、留置、京都の治安維持に関する将軍への意見具申といった役目を担ったのだが、これ以外にも、洛中洛外《らくちゅうらくがい》における道路の整備、さらには祇園祭《ぎおんまつり》での差配なども担っていた。

いうまでもなく、祇園祭は京都での大祭であり、戦国期、この祭りにおいて開闔は、山鉾《やまほこ》の順番を決めるクジを差配する役目も担っていたのである（ちなみに、このクジは江戸時代には京都町奉行所、現代では京都市役所が差配している）。

戦国期の「侍所開闔」は、誰の指揮下にあったのか

戦国期の侍所の活動を見るうえで注目されるのが、細川氏との関係である。

細川氏は戦国時代、畿内《きない》で複数の国を領する有力大名であった。と同時に、細川氏は将軍家の重臣として、将軍を支える柱石《ちゅうせき》だった。そうしたことから研究者の間では、「戦国期の侍所は細川氏によ

って支配されていた」と考えられてきた（今谷：一九七五）。

しかし、戦国期においても侍所——その中心であった侍所開闔への指揮権は、細川氏ではなく将軍が有していたようだ。以下、このことを具体的に見ていこう。

まず十二代将軍・義晴《よしはる》（在位一五二一〜四六年）時代のケースを挙げよう。義晴時代は「内談衆《ないだんしゅう》」と称される将軍の側近集団が将軍を補佐していた。その内談衆が開闔に対し、洛中洛外における道路整備や、京都内の治安活動などについて指示を下していたことが、当時の史料で確認される（『大館《おおだち》常興《じょうこう》日記』天文九年〔一五四〇〕五月二十日条ほか）。

内談衆は、将軍義晴の忠実な手足とでもいうべき人びとであったから、当然、将軍の意向に従って動いていた。その内談衆が開闔に対して指示を与えていた、ということは「将軍がこの時期においても、依然として開闔に対する指揮権を持っていた」ということを示しているといえよう。

また、十三代将軍・義輝（在位一五四六〜六五年）の治世期である天文二十一年（一五五二）には、次のような出来事があった。すなわち、京都内である刑事事件が発生し、将軍の近臣たちの間で「開闔を出動させるべきかどうか」が検討された。そしてその際、「将軍のお許しがない」という理由で開闔の出動中止が決定されているのだ（『言継卿記』天文二十一年三月二十二日条ほか）。ここからも、戦国時代でも開闔への指揮権は将軍にあり、開闔を出動させるには将軍の認可が必要であった、ということを知ることができよう。

このように戦国期においても開闔の活動は、将軍の指示、または認可のもとで実施されていた。

一方、開闔が細川氏の命令で活動した、という事例はない。細川氏が犯人を捕まえ、それを開闔に引き渡した、というケースはあるが（『鹿苑日録《ろくおんにちろく》』明応八年〔一四九九〕十一月二十四日条）、それは開闔が細川氏の支配下にあったからというよりも、先述のように開闔の屋敷が留置場を兼ねていたからにほかなるまい。

おわりに——戦国期以降、徐々に崩れた直属軍体制

将軍直属の軍事力は、十五世紀の室町時代から十六世紀末の戦国末期まで、おおよそ三千～五千人前後で維持されていた。徳川将軍に比べればかなり少ないが、室町時代では「足利将軍を大名らが支える」体制になっていたので、直属軍がこの程度であっても足利将軍はそれほど困らなかった。危機の時は大名たちが兵を出してくれたのだ。

しかし戦国期になると、こうした「足利将軍を大名らが支える」という体制は徐々に崩れていき、それにともなって将軍はピンチに陥った。たった数千人程度の直属軍事力では軍事的危機に対処することが難しかったからだ。戦国期の将軍が京都になかなか安座することができず、しばしば地方に流《る》寓《ぐう》した大きな要因は、ここにあったといえよう。

一方、京都の治安を担う侍所は、戦国末期まで機能した。所司・所司代は廃絶したが、その代わりに開闔が侍所の中心となり、将軍の指揮のもとで、犯罪者の逮捕・拷問・留置といった任務を担ったのだ。したがって将軍は戦国期においても（在京している時は）京都の治安責任者としての立場を保ち続けていた、ということができよう。

ちなみに、京都の治安維持という侍所の活動が終焉《しゅうえん》したのは、元亀四年（一五七三）のことであった。この年、最後の将軍・義昭が織田信長によって京都を追放された。その際、侍所開闔も義昭と行動をともにし、京都を去ったからである。

そしてその後、京都の治安維持は、義昭を追放した織田信長によって担われていくのだ。

【主要参考文献】

今谷明『戦国期の室町幕府』（講談社学術文庫、二〇〇六、初出一九七五）
木下聡『室町幕府の奉公衆と外様衆』（同成社、二〇一八）
木下昌規『戦国期足利将軍家の権力構造』（岩田書院、二〇一四）
佐藤進一「室町幕府論」（同著『日本中世史論集』岩波書店、一九九〇、初出一九六三）
羽下徳彦「室町幕府侍所考」（『論集日本の歴史五　室町政権』有精堂出版、一九七五、初出一九六三・一九六四）
福田豊彦『室町幕府と国人一揆』（吉川弘文館、一九九五）

【さらに詳しく学びたい読者へ】

室町幕府奉公衆を扱った個別の学術論文は少なくないが、専門書や一般書となるとあまり多くはない。そこで以下、「主要参考文献」でも挙げた本稿の内容に深くかかわる次の三冊を紹介したい。

①今谷明『戦国期の室町幕府』(講談社学術文庫、二〇〇六、初出一九七五)
②福田豊彦『室町幕府と国人一揆』(吉川弘文館、一九九五)
③木下聡『室町幕府の奉公衆と外様衆』(同成社、二〇一八)

①は、侍所をはじめとした戦国時代の室町幕府諸機関の機能と活動、細川家との関係性を述べた一冊で、戦国時代の室町幕府研究の嚆矢《こうし》となったもの。
②は、奉公衆研究の嚆矢でもある著者によるもので、奉公衆の構成や番帳(番衆の名簿)の成立についてまとめた一冊。
③は、現時点での奉公衆研究の到達点といえる重要なものである。

〈第五章〉
【求心力の維持装置】

足利将軍から授与された「栄典」は、役に立ったのか？

木下　聡

はじめに――そもそも「栄典」とは何か

本稿では、室町幕府の将軍から、各地の大名・領主に授与された「栄典《えいてん》」について、いかなる意味と価値があったのかを、最新研究をもとに考察する。

まず話の前提として、そもそも「栄典」とは何なのか。たとえば小学館の『日本国語大辞典　第二版』で「栄典」の項目を引いてみると、次の三つの意味が記されている。①「光栄ある典例、めでたい式典」。②「名誉ある待遇」。③「人の名誉を表彰するために与える、爵位、位階、勲章、褒章《ほうしょう》など」である。

本稿で扱う、室町幕府の将軍から大名に与えられた「栄典」とは、おおむね②と③の意味に該当す・

るものである。また、現代でも毎年行われている、文化勲章・紺綬褒章《こんじゅほうしょう》（公益のために私財を寄付した者に授与される褒章）などの叙勲《じょくん》は、③の意味での「栄典」と言えよう。

ただし、現代の栄典制度は、国家や公共に対する功労、社会のさまざまな分野での優れた活躍を表彰する意味で行われるが、室町幕府が与えた「栄典」には、功労はともかく、活動表彰の意味が無いことには注意を要する。

また現代では、授与側が受取手を選定して授けるものだが、室町幕府の「栄典」は、とくに戦国時代においては、多くが受取手から求められて出されており、「栄典」授受の主体は、現代日本政府の「栄典」と室町幕府の「栄典」とでは、正反対であったことに注目したい。

一　四つに分けられる〝幕府の栄典〟

では、具体的にどのようなものが室町幕府から「栄典」として授与されていたのか。大きく分類して、**①官位関連**、**②偏諱《へんき》**、**③幕府内の家格＝家柄・身分**、**④待遇**、といった四つの種類に分けられる。

①官位関連

この「官位関連」にかかわるものとしては、幕府を通じて朝廷から正式に叙任《じょにん》される官職（官途《かんと》とも。左衛門尉《さえもんのじょう》・武蔵守《むさしのかみ》など）と位階（従五位下《じゅごいのげ》など）がある。そして、この叙任されたことを示す文書である「口宣案《くぜんあん》」には、将軍が文書の袖《そで》部分（右端）に花押《かおう》（将軍本人であることを示すサイン）を据えた。それを「袖判《そではん》口宣案」という。

朝廷から叙任されるわけだから、幕府・将軍に何の関係があるのかと疑問に思うかもしれないが、十四世紀の南北朝時代以降、基本的に武士の叙任は、室町幕府が関与することになっている。そのため、幕府からの推挙が朝廷にもたらされることで、叙任は果たされていたわけである。

とりわけこの「袖判口宣案」は、将軍の花押があるわけだから、将軍が大きく関与していることを明確に示す機能を果たしていた。それにより、口宣案に袖判を求める者が十五世紀半ば以降増えたため、十五世紀後半になると、〝幕府の栄典〟として定着していった（木下：二〇一一）。

②偏諱

次に「偏諱」の授与である。これは将軍の名前を一文字与える行為で、十二代将軍・足利義晴《よしはる》（一五一一～五〇）であれば、名前の「義晴」のうち、上の「義」か、下の「晴」の字を与えて、拝受した者の名前の上側にそれを付ける。

たとえば、甲斐《かい》（山梨県）の武田晴信《はるのぶ》（信玄《しんげん》。一五二一～七三）は、義晴の「晴」を拝領し、武田氏の代々が用いる「信」字（これを「通字《つうじ》」という）を下に付けた名前であった。豊後《ぶんご》（大分県）の大友《おおとも》義鑑《よしあき》（一五〇二〜五〇）は、わが子二人のために義晴に対して偏諱を求め、家を継ぐべき嫡子である兄には、義晴の「義」の字を拝領し義鎮《よししげ》（大友宗麟《そうりん》。一五三〇〜八七）と、庶子である弟は「晴」の字を拝領して晴英《はるひで》（のちの大内義長《おおうちよしなが》。？〜一五五七）と名乗らせている。

将軍の名前二文字のうち、足利将軍が代々用いる通字である「義」は、もう一字が将軍によって変わるのに対し、必ず名乗りに用いる字である（初代将軍・尊氏《たかうじ》〔一三〇五〜五八〕は、鎌倉時代の足利氏の通字が「氏」であったために「義」の字を使っておらず、二代将軍の義詮《よしあきら》〔一三三〇〜六七〕以降が該当する）。

そのため「義」の字は、十五世紀前半の段階では、斯波《しば》・吉良《きら》氏などごく限られた足利一門・御一家《ごいっか》にしか与えなかったが、時代が下るにつれて徐々に与える範囲が広がっていった。十六世紀には、足利一門だけではなく、全国的にも授与される領主が増えている。

これに関しては、よく知られた事例として、肥後《ひご》（熊本県）の国衆《くにしゅう》・相良《さがら》氏の当主親子が義晴から偏諱を受けた際に、父の相良長唯《ながただ》（一四八九〜一五四六）が「義」の字をもらい義唯《よしただ》と、子の為清《ためきよ》（一五一三〜五五）が「晴」をもらって「晴広《はるひろ》」と名乗っている。相良氏は、十五世紀段階では、とうてい偏諱などもらえるはずのないレベルの家柄であった。

この時、交渉の仲介をした一人が書いた書状には、「御一字のことですが、「義」字か「晴」字か、将軍様は長唯の望みに任せるとのことです」、「「義」の字が欲しいなら、とりわけ礼物がいりますし、

「晴」の字でしたら、通常どおりの礼物となります」とあり、「義」の字をもらう場合には、通常よりも多額の謝礼を払うことになっていたことがわかる（山田貴：二〇一五）。

③幕府内の家格＝家柄・身分

そして、③の「室町幕府内の家格」を示す「家柄・身分」だが、将軍直臣《じきしん》であることを前提として、幕府内の家格である、**相伴衆《しょうばんしゅう》・御供衆《おともしゅう》・外様衆《とざましゅう》・奉公衆に加えること**、あるいは、**大名の家臣を将軍の直臣にすること**、また、足利一門へ加えるシンボルとして、**「家紋《かもん》の桐紋《きりもん》」授与をすること**、などがこれに該当する。

将軍直臣のそれぞれの幕府内の家格＝家柄・身分を説明しよう。

「相伴衆」とは、六代将軍・義教《よしのり》期（在位一四二九～四一年）に成立した家柄・身分で、幕府内のクラスでは基本的に最高位の格である（これ以上は、足利将軍一族と、吉良・石橋・渋川《しぶかわ》といった足利一門の中でも別格とされる足利御一家のみ）。

八代将軍・義政《よしまさ》（一四三六～九〇）のころの構成員は、斯波・細川《ほそかわ》・畠山《はたけやま》の幕府管領《かんれい》となる三家、山名《やまな》・一色《いっしき》・赤松《あかまつ》・京極《きょうごく》のいわゆる「侍所《さむらいどころ》四家」（以上の七家を指して俗に「三管《さんかん》四職《ししき》」という）、そして能登《のと》畠山・讃岐《さぬき》細川・大内《おおうち》である。

本来の職務は、将軍の外出時に行動をともにし、食事・宴会の場で相伴することであった。応仁《おうにん》の乱《らん》（一四六七～七七年）以後は行われなくなり、名誉的称号として機能していた（二木：一九八五）。

「御供衆」とは、八代将軍・義政期（在位一四四九～七三年）には成立していた家柄・身分で、守護家・奉公衆番頭《ばんとう》・近習《きんじゅう》などから選出され、将軍が外出する時に御供をする（これが名前の由来）のが主な仕事である（二木：一九八五）。

「外様衆」とは、六代将軍・義教期までに成立し、「相伴衆」でない守護家である国持外様のほかに、元守護家、有力守護の一族、「奉公衆」におさまらない勢力を持つ者などで構成された。天皇のいる内裏《だいり》およびその門の警固、将軍・御台所《みだいどころ》の御供などを職掌としていた。次項の「奉公衆」とは違い、番《ばん》編成（複数のグループを編成し、交代で務める組織）はされていなかった（木下：二〇一八）。

「奉公衆」とは、三代将軍・義満《よしみつ》期（在位一三六八～九四年）に形成された、将軍の軍事基盤となる集団で、平時には将軍の御供、将軍御所の警固、幕府内のさまざまな役職を務めている。守護一門・足利氏根本被官《こんぽんひかん》・有力国人領主などから構成され、警固を五つのグループによって交代制で務めていたため、五番で編成され、それぞれにまとめ役として番頭がいる（木下：二〇一八）。

「大名家臣の将軍直臣化」については、守護家・国衆の家臣であった者を将軍直属の家臣とする扱いになるため、形の上では元の主家と同格になるわけである。主家を押しのけてのし上がろうとする者・家にとっては、重要な意味があった。

足利一門になるというのは、文字どおり足利氏の「一門衆」扱いになることである。足利氏の一門といえば、細川・畠山・斯波・吉良・今川など、鎌倉時代に分流した足利氏の分家がよく知られているが、室町幕府では、山名・大館《おおだち》などの新田《にった》一族や、源範頼《のりより》（頼朝《よりとも》弟・義経《よしつね》兄。一一五六～九三）の子孫と称していた吉見《よしみ》氏も、足利一門の扱いであった。

　室町幕府の影響力が強い時期には、足利一門と非足利一門との間には、儀礼面で厳然たる差異が存在していた（谷口：二〇一九）。

「家紋の桐紋」授与については、足利氏の家紋として二引両紋《にびきりょうもん》がよく知られているが、室町期を通して足利将軍家は、幕府初代の尊氏が朝廷から拝領した桐紋のほうをよく用いている。そのため、桐紋を与えることは、足利一門に列するだけではなく、故実書《こじつしょ》（古来からの先例を記録した書）に「御紋《ごもん》の衆」とある、足利一門の中でもさらに特別扱いを受ける身分になることを意味する。

　実際に桐紋をもらったのは、織田信長《おだのぶなが》（一五三四～八二）・三好長慶《みよしながよし》（一五二二～六四）・松永久秀《まつながひさひで》（一五一〇～七七）・大友義鎮（宗麟）・一色義龍《よしたつ》（一五二九～六一）など、元々足利一門ではなかった人びとである。

④待遇

　この幕府内における「待遇」としては、**塗輿《ぬりごし》、毛氈鞍覆《もうせんくらおおい》、白傘袋《しろかさぶくろ》の使用御免、書札礼《しょさつれい》の改善**が挙げられる。

公方邸へ向かう行列（上杉本『洛中洛外図屛風』左隻部分。米沢市上杉博物館所蔵）。行列先頭の曳き馬に緋毛氈がかけられており、列の中央には塗輿が描かれている

「塗輿」とは、輿《こし》の箱の表面を漆《うるし》塗りにしたもので、室町幕府においては、相伴衆にのみ使用が許されていた。これに路上で行き会った武士は、馬から下りて挨拶をしなければならず、最大の敬意を表すべきものであった。駿河《するが》（静岡県東部）の今川義元《よしもと》（一五一九〜六〇）が輿に乗って移動したことは、かつては公家趣味の発露であるとし、武士らしからぬ性質を示すものとしてとらえられていた。

しかし近年の研究では、塗輿を使うことができる特別な存在として、それを目にする人びとに誇示するために、義元はあえて用いていたと解釈されている（大石：二〇一八）。

なお塗輿は、十六世紀末の豊臣政権下でも秀吉からの使用免許が必要とされ、同政権も室町幕府同様に免許制にして、それを認められた有力大名に優越感を持たせている。

「毛氈鞍覆」とは、馬の鞍にかける馬具のことで、元々朝廷では、平安時代から鞍覆の材質を身分によって区別することが行われていた。たとえば大臣以上は浅紫《あさむらさき》色、参議《さんぎ》以上は深緋《こきあけ》色、位階が六位《ろくい》以下は使用できない、といった規定がそこにはあった。これを武家社会でも転用して、守護クラスや

御供衆は使用可能とし、舶来品の赤色の毛織物を使用していた。

「白傘袋」とは、長柄《ながえ》の妻折傘《つまおりがさ》を入れる袋をいう。

その由来は、平安時代の公卿《くぎょう》が、内裏へ参内《さんだい》する時に、妻折傘を白の麻布《あさぬの》の袋に入れて従者に持たせて、「参内笠《さんだいかさ》」と称したことによる。上部にひだを取り、先端を結んで垂れ下げ、菖蒲革《しょうぶがわ》（地を藍《あい》で染めた鹿のなめし革）の飾りを施したものが用いられ、行列の先頭に掲げた。武家社会では、これも守護クラス・御供衆が使うことを許され、毛氈鞍覆と白傘袋はセットで使用されていた。

これらを有する行列は、一目でわかるステータス・シンボルを他者に見せつけたのである。

「書札礼」の改善だが、まず書札礼とは、ありていに言えばフォーマルな手紙の書き方で、彼我《ひが》の身分によってその書き方が厳密に決まっており、書札礼を逸脱した手紙は、相手に黙殺されるか、受け取ってももらえなかった。

たとえば、将軍から出される文書で、宛先が大名・国衆であれば、宛所《あてどころ》で「〜との」とあるところを「〜殿」と記す、あるいは大名が他へ手紙を出す時に、本来ならば文書を包んだ紙に、自分の苗字と官途（官吏の地位）を書くのが通例のところ、それを省略して出してもよいという特権（裏書御免《うらがきごめん》）が挙げられる。

これはひどく些末《さまつ》なことに思えるが、裏書御免の場合、受け取った相手は、無礼な奴《やつ》だと思っても、幕府公認のため黙って受け入れるしかない。当時の外交文書では、こうした少しの差異が、自分と相手との優越を示すために重要なことであった。

二　幕府には「栄典」を与える基準があったのか

このようにして幕府はさまざまな「栄典」を授与しており、とくに十六世紀に入ってからは、事例が加速度的に増えていく。

「栄典授与」には、もらう側からの御礼として、進物《しんもつ》や多額の礼銭《れいせん》がともなうのが常である。そのため、かつては経済的に困窮していた戦国期の幕府は、節操も見境《みさかい》もなく、各地の大名から集金するのに、「栄典」を実質的に売買する形で与えていたとも理解されていた。

しかし実際には、「栄典」を幕府に申請すれば、あるいはお金をどっさり積めば、誰にでも与えていたというわけではない。そこには幕府なりの基準が存在し、先例も重視し、時には却下することさえあった。

たとえば叙任でいえば、日向《ひゅうが》（宮崎県）の伊東義祐《いとうよしすけ》（一五一二〜八五）が弾正大弼《だんじょうのだいひつ》への任官を求めてきた時、幕府は武士の弾正大弼任官は先例が無いと難色を示した。結局義祐は、弾正大弼をあきらめ、翌年に今度は大膳大夫《だいぜんのたいふ》への任官を申請した。この時幕府は、大膳大夫は伊東氏には先例が無いものの、弾正大弼よりはまだよいだろう、との判断を下し、任官を許している。

むろんこの背景には、幕府側と伊東氏との外交窓口である伊勢《いせ》氏の尽力もあった。

武家全体で任官事例が無い弾正大弼よりは、伊東氏に先例は無いものの、武家ではよく任官されている大膳大夫であれば、許可していいだろうとの意見が幕府内で出たため、将軍義晴が認可したのである。

また、外様衆の摂津元造《せっつもとなり》のように、幕府内の人間でも、先例がはっきりあるにもかかわらず、将軍に思うところがあるから、との理由で任官を却下された事例もある。

身分に関する事例では、天文《てんぶん》九年（一五四〇）二月に、筑前《ちくぜん》（福岡県西部）の秋月《あきづき》氏が幕府に御供衆にしてもらえるよう求めている。この時秋月氏は、自身が属している大内氏が反対していたので、幕府と内々に交渉して、大内氏の怒りを買わないようにした。そのため、将軍のほうからの指示で、秋月氏自身から自発的に御供衆を授与してもらうように働きかけたが、結局幕府はこの申請を取り上げなかった。

なぜ幕府が申請を取り上げなかったかというと、秋月氏と同じ筑前の国衆麻生《あそう》氏が、御供衆になった時の史料にその理由が語られている。

秋月氏は大内氏に幕府への申請を願ったけれども、麻生氏は元々将軍直臣で奉公衆であったが、秋月氏はそうではないから却下した、ただし奉公衆にするのであったら推薦できると、大内氏は返答しているのである。

つまり、家格が将軍の直臣であるかどうかが判断基準とされており、御供衆になりたいのだったら、まずは直臣である奉公衆になってからだとの判断であった。

このように、ある程度の基準は存在していたようだが、文章などで明確には定められてはいなかった。これにより、もらう大名側にひょっとすれば可能性があるのではないか、という意識を持たせることができ、大名たちが幕府へ活発的に「栄典」を求める余地を残していたのである。

三　「栄典」をもらい受ける手間と費用は？

ではもらう側の立場として、「栄典」をもらい受けるには、どれほどの手間と費用を要したのだろうか。一例として費用の全貌《ぜんぼう》がわかる、陸奥《むつ》（東北地方）の領主・伊達《だて》稙宗《たねむね》（政宗〔一五六七〜一六三六〕の曾祖父《そうそふ》。一四八八〜一五六五）の任官にかかった諸費用を見てみよう。

稙宗が左京大夫《さきょうのたいふ》の任官を求めたのは、永正《えいしょう》十四年（一五一七）のことである。伊達氏は十五世紀前半の政宗（いわゆる独眼竜《どくがんりゅう》政宗とは別人。政宗が自身の名の由来にした人物）以来、持宗《もちむね》（一三九三〜一四六九）・成宗《しげむね》（一四三五〜？）・尚宗《ひさむね》（一四五三〜一五一四）と代々大膳大夫に任官し、持宗以降は将軍から名前の一字を拝領していた。稙宗の「稙」も、十代将軍・足利義稙《よしたね》（一四六六〜一五二三）からの偏諱である。

ただ稙宗は、家の先例に無い左京大夫への任官を望んだ。これは、陸奥国内で最高位の家格にある奥州探題《おうしゅうたんだい》・大崎《おおさき》氏が、左京大夫を代々任官していたことが背景にある。つまり稙宗は、大崎氏と同格になろうとするにあたり、奥州探題職を得るのは相当な困難を有するため、まずはハードルが低い左京大夫任官を求めたのである。

さて幕府に交渉するにあたり、何に経費がかかるのだろうか。

本人が上洛《じょうらく》するわけではないが、交渉を任される使者は、京都と地元とを往来する旅費がまず必要となる。そして京都滞在費も当然かかる。京都は当時の日本の首都である。当然のことながら物価は高く、余計に出費がかさむであろう。

交渉するにあたり、幕府側の該当窓口である取次《とりつぎ》役の人物との折衝はもちろんのこと、他の幕府有力者とも関係を持ち、根回しもしないといけない。このころ伊達氏との取次役は細川高国《ほそかわたかくに》（一四八四〜一五三一）であった。高国と直接すぐ会えるわけではないので、高国の重臣や対面を取り計らう申次《もうしつぎ》役にも贈り物をする必要がある。

首尾良く任官が叶《かな》えば、将軍・足利義稙、取次・細川高国、そのほか協力してもらった幕府有力者や細川家家臣、そして任官を名目的に与える主体である天皇、任官を示す文書（口宣案）を作成する公家などに対して、それぞれ御礼の金品を進上することになる。進上する刀も、柄《つか》・鞘《さや》などを装飾しなければならない。

現在『伊達家文書』に残るこれらの経費に要した額は、じつに五百貫以上に上っている。現在のお金に換算すると、一貫はだいたい十万円ほどといわれているので、五千万円以上になる。このうち将軍義稙への御礼金は、約五十貫相当（黄金三十両とあるため、正確な額は不明）で、任官に必要な経費は、将軍への御礼金の五〜十倍を必要としていたのである。

このように経費の全貌がわかる事例は、残念ながらほかに存在しないが、将軍への御礼についてはかなりの事例が確認されている。求める「栄典」の内容によっても御礼の額は異なるが、相場としてはおおむね、以下のとおりである。

〈任官〉

○四職大夫《しきのたいふ》（左京大夫・右京大夫《うきょうのたいふ》・修理大夫《しゅりのたいふ》・大膳大夫の四つの官のこと）への任官が太刀《たち》・馬・五十貫（五千疋《びき》）。

○守護クラスが、家の代々の官途に任官する場合は、太刀・馬・二十貫ないし三十貫。

○家に先例の無い官への任官の場合は、太刀・馬のほかに百貫以上。

〈一字偏諱〉

○「義」字は、太刀・馬・百貫。

○「晴」や「輝」といった下の字は、太刀・馬・三十貫。

〈相伴衆・御供衆に列する〉

○基本は太刀・馬のみだが、礼金を出す場合があり、二十〜百貫と幅が広い。

〈毛氈鞍覆・白傘袋・御紋〉

○太刀・馬・三十貫ないし五十貫。

となる。家の先例に無い「栄典」を求める場合は、当然のことながら御礼の額は跳ね上がった（木下：二〇一一）。

四　大名たちは、なぜ「栄典」を欲しがるのか

では大名たちは、どうしてわざわざ高い費用と手間を費やしてまで幕府と交渉し、「栄典」をもらおうとしたのだろうか。

まず考えられるのは、単純な名誉欲である。これは栄典をもらおうとする者に対して、昔からいちばんよくいわれる解釈である。多くの人が持ち合わせており、現代の人間でもわかりやすい。名誉ポストに就くことや、叙勲・褒賞をもらうことに血道を上げる人がいるのも事実だからである。

しかし、ことはそんな単純ではない。大名・領主が「栄典」を獲得しようとする背景には、純然たる政治的理由も存在していた。「栄典」は、自身・自家のみで完結するものではなく、周囲の他大名との関係の中でも機能していたため、彼らは幕府に「栄典」を求めざるをえなかったのである（山田

康：二〇〇六・二〇一一)。

これはどういうことか。敵対している、または友好的な近隣大名・領主であっても、自身よりも格上の「栄典」を新たにもらうと、自分はそれより格下に位置づけられることとなる。もちろん気にしない者もいただろうが、気にする者もいる。

宣教師のフランシスコ・ザビエル(一五〇六〜五二)が、戦国期の日本人について、「彼らはおどろくばかりに名誉心に富んでおり、何よりも名誉を重んずる」と語ったように、当時の人びとは現在のわれわれよりもはるかに自尊心が強く、またそれを重んじていた。彼らにとって「栄典」とは、名誉心を充足させると同時に、他者よりも社会的ランクを上回ることのできる装置だったのである。

たとえば、すでに陸奥の伊達稙宗が左京大夫に任官したことは前に述べたが、同じ陸奥の領主である岩城《いわき》氏が、稙宗に遅れること二十四年後の天文十年(一五四一)に、幕府に対して左京大夫の任官を求めた。

この時岩城氏は、「伊達でも左京大夫に任官しているのだから、こちらも申請する」と主張している。幕府は、岩城氏からの、左京大夫よりも格上の左衛門督《さえもんのかみ》になったことがあるとの主張や、弾《だん》正少弼《じょうのしょうひつ》に任官している実績から、結局は左京大夫の任官を認めている。

また、九州・肥前《ひぜん》(佐賀県・長崎県の大部)の有馬晴純《ありまはるずみ》(一四八三〜一五六六)が、修理大夫任官と将軍の偏諱を求めた。すでにふれたが、同じころに日向の伊東義祐も大膳大夫任官を幕府に求めると、豊後の大友義鑑が、幕府に対してこの二件の任官申請に抗議の横やりを入れた事例がよく知られている。

義鑑の言い分としては、本来九州で将軍の偏諱をもらい、任官できるのは島津・少弐《しように》・千葉・菊池と大友のみで、他の家はみなそれらの家の家臣と同等であるから、伊東や有馬が任官したり、偏諱をもらうのはおかしい。

ましてや、「四職大夫（左京大夫・右京大夫・修理大夫・大膳大夫の四つの官）」は大内と大友のみのはずで、九州においては大友氏が大内氏と並んで随一の「栄典持ち」であったのに、有馬や伊東のような格下に、その既得権益を侵され、同格に並ばれてしまい憤慨しているわけである。

もう一つ「栄典」のもたらす作用としては、支配領域内外の人びとに見せることが挙げられる。前述した今川義元の輿がその働きをしていたし、同じく前述の相良父子が叙任を受けた際には、わざわざ朝廷から勅使が現地に派遣され、領内から多くの人びとが城へ参集して祝っている。叙任をきっかけに行われた儀礼に対し、領域内の人びとが結集し、主従関係を確認する機会を創出したわけである（山田貴：二〇一五）。

領域外に対しても、対立関係にあった領主以外は、祝意を示す使者が派遣されていて、相良氏の存在感を高めることに役立っている。

ただ、すべての者が、必ずしも「栄典」を欲しがったわけではなかったことにも留意しなければならない。よく知られているように、織田信長が足利義昭《よしあき》（一五三七〜九七）を擁して上洛し、三好氏勢力を京都から追い出して、義昭を征夷大将軍の座に就けるが、この時義昭は、信長に多くの「栄典」を与えようとしている。

現在わかっているのは、副将軍の地位、管領に准《じゅん》じる扱い、斯波氏家督《かとく》とそれにともなう斯波氏が代々任じられた兵衛《ひょうえ》の官への任官、桐紋・二引両紋の授与で、信長は最後の家紋のみを拝領している。とはいえ、信長が旧来の幕府役職を軽視していたわけではなかったことにも留意する必要がある（第十章の木下昌規論文を参照）。

五　「栄典」に意味はあったのか？

ここまで室町幕府の「栄典」について述べてきたが、歴史研究では昭和期の終わりごろ（一九八〇年代）まで、こうした「栄典」は儀礼的な意味合いしか持たず、実際の戦争や外交には何の役にも立たない、虚栄的なものと理解され、あまり重視されてこなかった。

なぜならば、「栄典」をもらったところで、具体的な権限を得られるわけではないからである。

しかし、平成期に入った一九九〇年代以降、室町幕府の研究が進み、その影響力や実態が検討されるなかで、戦国期に入っても、室町幕府が全国への影響力を一定度保持できている背景に、「栄典」

が一役《ひとやく》買っていたことが明らかになった。

とはいえ、「栄典」の効果の有無は、「求める者がいるならば、効果があったにちがいない」「効果があるから求められたわけで、単なる名誉的称号とは言えない」というだけでは、その歴史の実相を明らかにしたことにはならない。

残念ながら、「栄典」の「効果」の有無を直接的に示してくれる史料は残っていない。ただ、「栄典」を求める者は、これを入手することによってなんらかの「効果」を得られると信じていた、ということは確かだろう（本当に「効果」を得られたかどうかはさておき）。

そこで、近年の研究ではこの点から出発し、「栄典拝受」の背景や、交渉のあり方を通じて検討する方法が主流となっている。その成果として、すでに見たように、大名たちが「栄典」を欲したのは、単なる虚栄心だけではなく、〝政治的な意味合いが強く存在〟していたことがわかってきた（山田康：二〇〇六・二〇一二）。

室町幕府は、鎌倉・江戸幕府に比して、その成立から強力な軍事力や支配基盤を有していなかった。にもかかわらず、約二百年にわたって武家社会の頂点にいつづけることができたのは、幕府独自の「栄典」を創出し、それをうまく活用して、大名たちからの求心力を維持しえた側面が大きかったからである。

こうした「栄典」が果たした機能は、その後も現在に至るまで生き続けている。江戸幕府では、大名ごとに江戸城内での席順や、昇進できる官位の幅がほぼ定まっていて、厳密に序列がつけられていた。明治期に入っても、維新の元勲や旧大名・公家は華族に列せられ、軍人も金鵄《きんし》勲章が授与された。
そして現代でも、冒頭で述べたように叙勲が行われる栄典制度が存在する。ただ、いずれも名誉にかかわる点では同じだが、本稿で扱った室町幕府の「栄典」のように、果たした機能はそれぞれ異なっていることには留意せねばならない。

【主要参考文献】

大石泰史『今川氏滅亡』(角川選書、二〇一八)
木下聡『中世武家官位の研究』(吉川弘文館、二〇一一)
同『室町幕府の外様衆と奉公衆』(同成社、二〇一八)
谷口雄太「足利一門再考─「足利的秩序」とその崩壊─」(同著『中世足利氏の血統と権威』吉川弘文館、二〇一九、初出二〇一三)
二木謙一『中世武家儀礼の研究』(吉川弘文館、一九八五)
山田貴司『中世後期武家官位論』(戎光祥出版、二〇一五)
山田康弘『戦国時代の足利将軍』(吉川弘文館、二〇一一)
同「戦国期栄典と大名・将軍を考える視点」(『戦国史研究』五一号、二〇〇六)

【さらに詳しく学びたい読者へ】

戦国期室町幕府に関する書籍は、さほど多いわけではないが、「栄典」に関して述べた一般向けの書籍は輪をかけて少ない。ここではさしあたり次の三点を紹介する。

①二木謙一『中世武家の作法』（吉川弘文館、一九九九）
②山田康弘『戦国時代の足利将軍』（吉川弘文館、二〇一一）
③木下聡『中世武家官位の研究』（吉川弘文館、二〇一一）

①は、「栄典」に深くかかわる幕府家格の基本的事項を記しており、幕府故実にも詳しくなれる。②は、「栄典」をめぐる諸大名と幕府の思惑について詳細である。③は、学術論文書で、かつ現在品切れであるため入手困難であるが、室町幕府と官位に関するさまざまな情報を知るには現状最適である。

「栄典」にまつわる諸要素に興味を持たれた方は、これらを一読してもらいたい。

〈第六章〉【和睦命令・和平調停】

「大名間の争い」に積極的に介入した足利将軍

浅野　友輔

はじめに――将軍の介入に効果はあったのか

戦国時代では、日本列島各地であらゆる人びとが戦争へと身を投じた。とりわけ各地に割拠していた大名（＝戦国大名）たちは互いに対立し、幾多《いくた》の戦いを繰り広げていった。

そうした時代にあって、京都の足利将軍は大名間で起きた紛争にしばしば介入した。たとえば、大名間に割って入って「和平調停」をしたり、大名たちに「和睦《わぼく》命令」を下したりしていたのだ。では、将軍の和睦命令などはどのような効果をもたらしたのだろうか。また、大名たちは将軍の介入をどう受け止めたのだろうか。

本稿では、十三代将軍・足利義輝《よしてる》（在位一五四六～六五年）による、毛利《もうり》氏と尼子《あまご》氏、島津《しまづ》氏と伊《い》東氏《とう》それぞれの和平調停を事例にしつつ、研究動向をふまえながら上記の疑問に答えていきたい。まずは、毛利・尼子氏の例からひも解いてみよう。

一　足利将軍の「和睦命令」と毛利氏の対応

義輝は、なぜ毛利氏に和睦を命じたのか

永禄《えいろく》二年（一五五九）六月、将軍義輝は毛利氏に対し「尼子氏との戦闘をやめ、和睦せよ」と命じた（『吉川《きっかわ》家文書』四六一号、『小早川《こばやかわ》家文書』二二一号ほか）。

ここに出てくる毛利氏（毛利元就《もとなり》〔一四九七〜一五七一〕）というのは、安芸国《あきのくに》（広島県西部）を中心に山陽地方で大きな勢威を持っていた有力大名である。一方、尼子氏（尼子晴久《はるひさ》〔一五一四〜六一〕）のほうは、出雲国《いずものくに》（島根県東部）を中心に山陰地方で力を振るっていた有力大名であった。このころこの両者は、とくに石見国《いわみのくに》（島根県西部）で互いに激しく争っていた。そうしたなかで、義輝は毛利氏に対して尼子氏との和睦を命じたのだ。

なぜ、義輝は毛利氏に和睦を命じたのだろうか。

どうやらそれは、尼子氏側からの要請を受け入れたからだったようだ。このころ、尼子氏は石見国

内の要地である大森《おおもり》銀山（石見銀山）を押さえていたが、毛利氏に苦戦し、次第に劣勢になっていた。そのため尼子氏は戦況悪化を避けるべく、尼子氏と和睦するよう、毛利氏に命じてほしいと義輝に要請したようなのだ（「佐々木文書」『出雲尼子史料集』上巻四七二頁。広瀬町、二〇〇三）。

尼子方はこうすることで、日に日に勢いを増す毛利方をなんとか止めようとしたのだろう。そこで義輝はこれを承知し、その結果、義輝から毛利氏に対して和睦命令が下されることになった。

和睦命令に困惑した毛利氏

さて、義輝は毛利氏に対して尼子氏との和睦命令を下したうえに、「将軍上使《じょうし》」を毛利氏のもとに派遣した（上使には、義輝の母方の叔父・聖護院道増《しょうごいんどうぞう》〔一五〇八〜七一〕を任命した）。上使を派遣したのは、毛利氏に確実に和睦を促すためである。一方、こうした事態に毛利氏は困惑した。じつは、尼子氏との戦いは毛利氏の単独戦ではなく、毛利氏に味方してくれる周辺領主の思惑が複雑に絡まったものだった。そのため、和睦するとなると毛利氏は味方の動向にも目配りをしなければならず、尼子氏との和睦には困難がともなったのである。

しかし、毛利氏は義輝から出された和睦命令をすぐに拒否することもしなかった。そして、毛利氏は将軍上使が領内に入ってきたと知ると、「悩ましいことだが、将軍上使を丁重に接待すべし」と決めた（「吉川家旧蔵文書」『広島県史』古代中世資料編V、六頁、一九八〇）。どうしてだろうか。

毛利氏は「将軍の命令であっても、尼子氏との和睦が毛利氏側の安全を損なうようなものだったならば、拒否することも辞さない」と考えていた。しかし同時に「将軍の命令をあからさまに拒否すれば、内外から批判を受けるだろう」と危惧してもいた（『毛利家文書』七二九号）。

というのは、将軍は戦国時代でも「天下諸侍《てんかしょざむらい》の御主《おんあるじ》」とされ、多くの大名たちからなお篤《あつ》い尊崇を受けていたからである。それゆえ、もし毛利氏が将軍の意向をあからさまに拒絶したりすれば、たちまち諸大名の顰蹙《ひんしゅく》を買い、周囲から孤立する恐れがあった。それは毛利氏の存続にとって危険なことであった。

こうしたことから毛利氏は、義輝から下された和睦命令を、すぐには拒否できなかったのである。とはいえ、和睦をすぐに受け入れることも毛利氏の利益に反するため困難であった。その結果、和睦命令への対応は毛利氏にとって悩みの種になってしまった。

こうした状況を見て、尼子方はきっとほくそ笑んでいたことだろう。尼子氏は毛利氏よりも早く義輝に近づいた。そして義輝を利用し、和睦命令を出してもらうことで、毛利氏を窮地に追い込んだのだ。そう考えれば、この時点で尼子氏は、毛利氏に対して外交的勝利を得ることができたといえよう。

二　毛利氏が、将軍の和睦命令を拒否した意外な方法

懐柔策に打って出た義輝

さて、毛利氏は結局、義輝から下された和睦命令を拒否することも受諾することもせず、しばらく様子見を決め込んだ。

すると、このような状況に義輝は次第にイライラしてきたようで、毛利一族の者や周辺の大名たちに「毛利・尼子氏間の和睦実現に力を尽くせ」と命令を出した（『吉川家文書』六七号、「臼杵稲葉《うすきいなば》家文書」『出雲尼子史料集』上巻四八二・四八三頁。広瀬町、二〇〇三ほか）。

とはいえ、義輝は強力な軍事力を持っておらず、それゆえ武力を使って毛利氏に和睦を強制することはできなかった。そこで、義輝は懐柔策に打って出た。すなわち永禄三年（一五六〇）、義輝は朝廷を動かし、毛利氏の面々（毛利元就・隆元《たかもと》〔一五二三～六三〕親子）に高い官位を下してもらったのだ。こうして元就には陸奥守《むつのかみ》、隆元には大膳大夫《だいぜんだいぶ》の官位が下された（『毛利家文書』三〇〇号ほか）。

さらに義輝は、毛利氏（毛利隆元）に対し、その本拠である安芸国の「守護」の称号なども与えた（『毛利家文書』三一三号）。義輝はこうすることで、毛利氏に和睦を受け入れさせようとしたのだろう。

じつは義輝も必死であった。もし毛利氏が義輝の和睦命令を拒否するようなことになれば、義輝の

将軍としての面目が失墜しかねなかったからである。

二つの強敵を抱えた毛利氏

こうしたこともあり、毛利氏は尼子氏との和睦に少しずつ動き出した。

これには、毛利氏の置かれていた苦しい事情も関係していた。毛利氏はこのころ、尼子氏と対立するだけでなく、北九州の有力大名・大友《おおとも》氏（大友義鎮《よししげ》〔宗麟《そうりん》。一五三〇〜八七〕）とも関係を悪化させていたのだ。

つまり、毛利氏は北に尼子氏、西に大友氏という二つの強敵を抱え、両面作戦を強《し》いられていたわけである（『毛利家文書』四一八号ほか）。こうなると、いかに毛利氏といえども苦しい。そこで毛利氏は、取りあえず尼子氏との関係を改善しようとしたのである（「古文書纂」『広島県史』古代中世資料編V、七二二頁）。

さて、こうして毛利・尼子氏間で和睦交渉が始まった。永禄四年（一五六一）末から年明けにかけてのことである。ただし、毛利方は尼子方との戦いでは優位に立っていたので、交渉では終始、強気な態度で臨んだ。これに対し、毛利氏と早く休戦したい尼子氏は、毛利氏に譲歩を繰り返した（『毛利家文書』八五八号ほか）。

再戦を決断した毛利氏

すると、こうした尼子方の様子を見て毛利方は考えを変え始めた。今、尼子方を叩《たた》けば大勝し、もっと多くの権益を得られるかもしれない——毛利氏はこのように考えたようだ。そこで、毛利氏は尼子氏との再戦を決断した。

こうして永禄四年（一五六一）末、毛利方は尼子方との交渉の最中、尼子領との境界線にあたる石見国に侵攻した。そして、この翌年（永禄五年）には石見における尼子勢力を一掃してしまった（「森《もり》脇覚書《わきおぼえがき》」米原正義校注『中国史料集』一九五〜一九九頁、人物往来社、一九六六ほか）。さらに毛利軍はこの勢いに乗じ、尼子氏の本国・出雲国にも侵攻した。

戦いは毛利方の有利に進んだ。しかし、毛利氏にとって尼子氏との再戦には問題があった。それは、「将軍義輝から出された尼子氏との和睦命令を拒否することになってしまう」ということである。そこで、毛利氏は新たな手を打っていく。

尼子氏に責任転嫁する毛利氏

このころ、尼子方の有力部将に福屋隆兼《ふくやたかかね》という者があった。彼は石見国内に所領を持つ有力領主で、以前は毛利方に属していたが、尼子方に寝返り、毛利氏と尼子氏の間で和睦交渉が進んだ永禄四年から翌年にかけて、毛利方と戦って敗北していた。そこで毛利氏はこうした状況を利用し、義輝側に次のように申し述べたのだった。

すなわち、「われわれ（毛利氏）は、将軍義輝様から「尼子氏と和睦せよ」と連年にわたって命令を受けていたので、堪忍をいたし、上意に応じて尼子氏と和睦しようとしていた。しかし、西から九州の大友勢が毛利領に攻め込んできたうえに、これに乗じて尼子方の福屋隆兼が大友氏と手を組み、毛利領に攻撃を仕掛けてきた。それゆえ、こちら（毛利方）は尼子方と戦わざるをえなくなったのだ。したがって毛利側に非はない。以上の事情は、毛利領に下向していた将軍上使（聖護院道増）もご存じのことだ」というのである（「斎藤家文書」『山口県史』史料編中世三、七八五頁、二〇〇四）。

このように、毛利氏は義輝に「言い訳」をした。義輝から命じられた尼子氏との和睦を拒絶したのは、「尼子氏や大友氏のせいであり、毛利側としては仕方がなかったのだ」としたのである。

さらに、毛利氏はこの少し前、こうした自らの主張を裏づける証人になってもらうべく、将軍上使の聖護院道増を毛利領に引き留める、という工作までしていた。

じつは、将軍上使は京都に帰ろうとしていた。しかし、毛利氏はこれを強引に引き留め、尼子方に寝返った福屋隆兼と毛利氏との戦いのありさまを見てもらおうとしたのだ。そのために、毛利氏は二千数百貫文もの銭（今の貨幣価値にして三億円くらいか）を、将軍上使を通じて義輝に献上しようとした。

この金額は、さすがの毛利氏にとっても大金であったが、毛利氏はこれほどの大金を献じてでも、上使を引き留めようとしていたのである（『毛利家文書』四八一号）。

このように、毛利氏は義輝の和睦命令を拒否して尼子氏攻撃に踏み切ったものの、たんに拒否したわけではなかった。毛利氏は義輝に「言い訳」をし、それによって拒否の責任を尼子氏らに転嫁した。そのうえ、将軍上使を引き留めて証人とし、「和睦拒否はやむなし」ということを、義輝側に説明しようとすらしていたのである。

三　島津氏は、将軍の和睦命令にどう向き合ったのか

長年にわたるライバル

次に、将軍義輝による島津・伊東両氏の和平調停について考えよう。

永禄三年（一五六〇）、義輝は南九州の島津氏（薩摩国《さつまのくに》〔鹿児島県西部〕などを領する有力大名）と伊東氏（日向国《ひゅうがのくに》〔宮崎県〕を本拠とする大名）の紛争を解決させようとしていた。

そもそも、この島津・伊東両氏は、長年にわたって日向国南部の支配権をめぐり、戦いを繰り広げており、このころは日向の飫肥《おび》（宮崎県日南市）という地をめぐって対立していた。そこで、義輝は島津・伊東両氏に対して「和睦せよ」との命令を下し、将軍近臣の伊勢貞運《いせさだもち》という者を将軍上使とし

て南九州に送り込み、和睦実現の動きを徹底させようとした。

すると、こうした動きに対して島津氏は、「この将軍からの和睦命令をうまく活用しよう」と躍起になっていく。以下、その動きを追っていこう。

あっさりと和睦命令を受け入れた島津氏

島津側は将軍義輝から下された和睦命令に対し、どう対応したのだろうか。

島津側の記録（「樺山善久筆記《かばやまよしひさひっき》」『旧記雑録後編《きゅうきざつろく》』一―一六三）をたどってみよう。永禄三年（一五六〇）十月、将軍上使（伊勢貞運）が京都から島津氏の本拠・鹿児島まで下ってきた。それゆえ、島津氏当主の島津貴久《たかひさ》（一五一四〜七一）は、自らただちに上使と対面した。

すると将軍上使は、島津に対し「伊東氏と和睦せよ」という義輝の命令を申し渡した。また、「島津・伊東両者間で争いになっている日向の飫肥については、将軍家の直轄領にすべし」とも申し渡した。将軍側はこのように、係争地である飫肥を将軍家の直轄領とすることで、「飫肥を島津・伊東両者のどちらのものともしない」ことにし、それによって両者の紛争を収めようとしたわけである。

これに対して島津氏側は、「将軍の命令にすべて従い、伊東氏と和睦する」と将軍上使に回答した。

なぜ島津氏はあっさりと将軍義輝からの和睦命令を受け入れたのだろうか。

それは、義輝の和睦命令が島津氏にとってメリットがあったからであろう。当時、島津氏は伊東氏に対して苦戦しており、飫肥は伊東氏のものになりつつあった。もし将軍の命令によって飫肥が将軍直轄領になれば、伊東氏が飫肥をすぐにはわがものにできなくなる（このころ、伊東氏は将軍家との友好関係を深めようとしていたので、将軍の命令には背きにくい状況にあった）。それは、島津氏にとって好都合であった。

しかし、島津氏が義輝の和睦命令を受け入れたのには、さらなる計算があったと考えられる。それは何だったのだろうか。

島津氏が求めた「三者の和睦」

島津氏は「義輝の和睦命令を受け入れる」と将軍上使に示した。その際、島津氏は上使に対し、次の二点を求めたという。

その第一は「島津方としては伊東氏との和睦だけでなく、北九州最大の大名・大友氏（大友義鎮）とも和睦したいので、その周旋《しゅうせん》を将軍上使にお願いしたい」ということであった。いったい、なぜ島津氏はこのような要求をしたのだろうか。

このころ、島津氏と大友氏は、特段の対立関係にあったわけではなかったが、どうやら島津側は「大友が島津・伊東氏の争いを利用し、伊東氏のほうに味方して島津を攻めるのではないか」と危惧していたようだ。島津氏にとって伊東氏は難敵であり、その伊東氏にもし大友氏が味方するようなことになれば、島津氏はますます苦境に立たされよう。

そこで、島津氏はそれを避けるべく、将軍上使に「島津・伊東氏間の和睦だけでなく、大友を含めた三者の和睦」を提案し、その周旋を依頼したのだ。

もしこの三者の和睦が将軍（将軍上使）の周旋で成立したならば、大友氏は伊東氏を支援しにくくなる。なぜなら、そのようなことをすれば、大友氏は将軍に背叛《はいはん》したことになるからである。

このころ大友氏は、北九州をめぐって争う毛利氏への対抗策の一環として、将軍家との友好関係を深めようとしていた。したがって、大友氏は将軍の意向には背きがたい状況にあった。そこで島津氏は、「将軍の周旋で島津・伊東・大友三者の和睦が成立すれば、大友の動き（伊東を支援して島津を攻める）を封じることができる」と計算したのだろう。

和睦受諾の狙いは三点

さて、島津氏が将軍上使に求めたもう一つの要求は、「南九州の薩摩・大隅《おおすみ》・日向の三カ国（今の鹿児島県と宮崎県）は鎌倉時代の昔より島津氏のものであり、そのことをきちんと将軍に認めてもらいたい」ということであった。

これまで述べてきたように、島津氏と伊東氏は、日向国内にある飫肥などの領有権を争っていた。その際、伊東氏は「伊東氏が薩摩・大隅・日向の三カ国を統《す》べることは、かつて八代将軍・足利義政《よしまさ》

（一四三六〜九〇）から認められたものである。したがって、日向国内にある飫肥も、伊東側に正当な領有権があるのだ」とさかんに吹聴し、島津氏を責め立てていた。

これに対し島津氏は「伊東の主張は事実無根だ」と反発したが、伊東氏側の宣伝戦略に大いに閉口していたのだろう。そこで島津氏は、「伊東の主張は虚言であり、三カ国は島津のものだ」ということを将軍側に認めてもらおうとしたのだ。

こうした状況下にあって、将軍上使（伊勢貞運）は「島津の言い分が正しい。伊東の主張は虚言だ」とする意向を示した。島津方は「当家にとってこの上ない面目だ」と大いに喜び、上使を島津屋形に招待して当主の島津貴久自らが歓待した。ここからは、島津氏側がいかに伊東氏の宣伝戦略に悩まされていたかがわかる。

以上のように、島津氏が将軍義輝からの和睦命令をあっさりと受け入れた背景には、次のような計算があったからだといえよう。

すなわち、(1)飫肥の将軍直轄領化によって、当地が伊東氏のものになるのを予防する、(2)将軍の和睦命令を受け入れることで将軍側の歓心を買い、それによって島津・伊東・大友三者の和睦を将軍側に周旋してもらう、(3)将軍側に「伊東側の主張は虚言」と認めてもらい、その宣伝戦略を封じる、ということである。

四 どちらの説が正しいのか？

破られた和睦命令

最初に挙げた、義輝の命じた毛利氏・尼子氏の和睦は、結局は失敗に帰した。毛利氏は義輝の和睦命令を拒否し、尼子氏を攻撃した。すなわち、義輝は毛利・尼子氏間の和睦を長期的には成立させられなかったのだ。

では、次に挙げた島津氏・伊東氏の和睦はどうだったのだろうか。

すでに述べたように、島津氏は義輝に命じられた伊東氏との和睦を受け入れた。一方、伊東氏もその後、やはり義輝の和睦命令を受諾した。伊東氏にとってこの和睦は必ずしも好都合ではなかったが、このころ伊東氏は将軍家との友好関係を深めようとしていたので、将軍の和睦命令を受け入れたのだ。しかし、この島津・伊東氏間の和睦は、その後しばらくして破れてしまった。すなわち、島津氏と伊東氏は再び干戈《かんか》を交えることになったのだ。

①「将軍の命令は無意味だった」説

このように、本稿で例示した二つのケースでは、どちらも最終的には和睦は失敗に帰してしまった。こうした結果からは「将軍の和睦命令などは大名たちに対して無意味・無効だった」ようにみえるし、実際にそう評価する研究者も多い。

戦国時代の将軍は大名たちに和睦を命じ、あるいは仲裁をしたが、ここに挙げた毛利・尼子氏のケースのように、大名たちに（最終的に）拒否されたり、島津・伊東氏のケースのように、たとえ一時的に和睦が成立しても長期間はこれが維持されず、すぐに戦いが再開されてしまう、ということは多々あった。

そのため、しばしば戦国期における将軍の和睦命令は、実効性の欠如したものであり、大名たちによって「ご都合主義」的に利用されていたにすぎなかった、と評価されることがある（池：二〇〇九など）。

②「将軍の命令は強力ではなかったが、無力でもなかった」説

しかし、別の見方をする研究者もいる。

すでに述べてきたように、毛利氏は義輝の和睦命令を拒否した際、たんに拒否したのではなく、義輝にわざわざ「言い訳」をした。そのうえ、自己弁護を図るべくさまざまな工作に注力していた。じつはこの毛利氏のように、将軍の上意を拒否する際に「言い訳」をしていた大名たちは少なくなかった。

たとえば永禄年間（一五五八～七〇年）、義輝は甲斐国《かいのくに》（山梨県）の大名・武田晴信《たけだはるのぶ》（信玄《しんげん》。一五二一～七三）に対し、越後国《えちごのくに》（新潟県）の大名・長尾景虎《ながおかげとら》（上杉謙信《うえすぎけんしん》。一五三〇～七八）との和睦を命じたが、武田に拒否されてしまった。しかし、その際に武田晴信は義輝に対して、次のように「言い訳」していた。

すなわち、「自分は将軍の命令に従い、戦闘を停止した。しかし、長尾方は命令に従おうとする姿勢を示さないばかりか、武田領に放火した。それゆえ、武田としても戦わざるをえなかったのであり、武田には少しも非はない」というのだ（『戦国遺文』武田氏編、六〇九号）。

このように、武田氏もまた義輝の和睦命令を拒否する際、敵方に非があることをアピールしていたのである。

また、一時的であることが多かったものの、島津氏・伊東氏の事例のように、将軍の和平調停により、大名たちの間で和睦が実現する、ということもあった。

こうした点に注意を向け、「将軍の和睦命令は、大名たちに対してけっして強力なものではなかったものの、さりとて一片の紙切れのような無意味・無力なものでもなかった」とする意見も出されている（宮本：一九七四、山田：二〇一一ほか）。

どちらの見方がより適切なのか、今も議論が続いているのだ。

【主要参考文献】

池享『知将・毛利元就』（新日本出版社、二〇〇九）

木下昌規編著『足利義輝』（戎光祥出版、二〇一八）
宮本義己「足利義輝の芸・雲和平調停―戦国末期に於ける室町幕政―」（『國學院大學大学院研究紀要』六、一九七四、前掲の木下編著『足利義輝』に再録）
山田康弘『戦国時代の足利将軍』（吉川弘文館、二〇一一）
同「戦国政治と足利将軍」（藤田達生・福島克彦編『明智光秀―史料で読む戦国史―』八木書店、二〇一五）
『宮崎県史』通史編中世（宮崎県、一九九八）

【さらに詳しく知りたい読者のために】

次の四本を挙げておこう。

①木下昌規編著『足利義輝』（戎光祥出版、二〇一八）
②藤木久志『豊臣平和令と戦国社会』（東京大学出版会、一九八五）
③丸島和洋『戦国大名の「外交」』（講談社選書メチエ、二〇一三）
④山田康弘『戦国時代の足利将軍』（吉川弘文館、二〇一一）

①では、本稿に直接かかわる将軍義輝と諸大名との関係や、将軍の「外交官」たちの活動にふれた論考

などから、義輝期の足利将軍の研究史およびその到達点を知ることができる。戦国時代の足利将軍について、その立ち位置をわかりやすく論じた④とあわせて一読をおすすめしたい。

②は、足利将軍以後の豊臣秀吉による大名への和睦命令の位置づけについて知ることができる。

③は、戦国大名の他大名との交渉の様子や、交渉の舞台に立つ者たちが持つ権能といった、本稿では触れられなかった点を明らかにしている。

いずれも、和睦命令者、大名、そして交渉者の思惑が錯綜《さくそう》する戦国時代の「外交」像をとらえるうえで必読の書である。

〈第七章〉

【将軍と朝廷】

武家勢力との絶妙な距離感をたもつ天皇

神田　裕理

はじめに――「生涯現役」を強いられた天皇

二〇一九年五月一日、明仁《あきひと》天皇（一九三三〜）の譲位《じょうい》による「御代替《おだいが》わり」がなされた。これにより、三十年と百十三日間続いた「平成」の時代は幕を閉じ、いよいよ「令和」の時代が始まった。今回の、天皇生前退位による譲位はじつに二百二年ぶり、江戸時代後期の光格《こうかく》天皇（第百十九代。在位一七八〇〜一八一七年）以来のことであり、もちろん憲政史上では初となる。

ところで、一般に「中世」と呼ばれる今から五百〜七百年ほど前の時代では、「天皇は生前に譲位し、上皇《じょうこう》となって政務を執る」というのが通例であった。ところが、中世の後半、つまり十五世紀末からの戦国時代に至ると、かかる状況は一変した。

戦国時代の天皇、すなわち後柏原《ごかしわばら》天皇（第百四代。一四六四〜一五二六）、後奈良《ごなら》天皇（第百五代。一四九七〜一五五七）、正親町《おおぎまち》天皇（第百六代。一五一七〜九三）と続く三代の天皇は、いずれも生前退位することなく、天皇のままその一生を終えたのである。

その理由は、朝廷の財政難であった。当時の朝廷では、新天皇が即位するとしても、即位礼などの一連の行事にかかる費用を捻出することは難しかった。同様に、上皇に対しても新しい御所（住居）や側仕《そばづか》えを手配するほどの余裕もなかったのである。

結果として、当時の天皇はいわば「生涯現役」を強いられたのである。

作られた「天皇」のイメージ

もっとも、困窮していたといっても、天皇が日常生活に支障をきたすほどではなかった。歴史好きな読者は次のようなエピソードをご存じだろう。

いわく「戦国時代の天皇は日ごろの食事にも事欠いていた。そこで後奈良天皇は短冊《たんざく》に和歌をしたため、それを朽ち果てた御所の門前で売りさばいて糊口《ここう》をしのいでいた」という話（『老人雑話《ざつわ》』）である。しかし、これはフィクションである。当時の天皇の生活が、ここまで経済的に逼迫《ひっぱく》していたという事実はない（末柄：二〇一八）。

だが、こういった話が独り歩きし、戦国時代の天皇については、これまで研究者のあいだでも評価が低かった。すなわち、「無力だった」「足利将軍や有力大名たちのたんなる傀儡《かいらい》（＝あやつり人形）にすぎなかった」とみなされてきたのである（池：一九九二など）。そのほか、「武家は天皇が持つ古代以来の伝統的権威を否定するため、天皇や公家に絶えず圧力をかけていた。その結果、両者は対立・抗争関係にあった」と理解されることも少なくなかった（立花：二〇〇二など）。

また、戦国時代の天皇を対象とした研究も、けっして多くはない。研究されていても、その天皇評価は「お飾り」といったような表面的・一面的な理解にとどまっていた（池：一九九二など）。そのため、この時期の天皇や公家の積極的な存在意義や役割については、ほとんど注目されてこなかった。

戦国時代の天皇とは、いかなる存在なのか。この時代、どのような場面・状況下で天皇は必要とされたのか。当時の京都には、足利将軍をはじめ、幕府重臣・細川《ほそかわ》氏の家臣だった三好《みよし》氏、近江国《おうみのくに》（滋賀県）守護だった六角《ろっかく》氏といった有力者（武士身分の者）たちが立ち現れていたが、彼ら武家は天皇に対してどのように向き合ったのか。

本稿では以上の点について、とくに天皇―足利将軍との関係に注目しながら、この分野の最新研究を説明していきたい。

一　公武相互補完関係の形成

北朝天皇家の「保護者」

そもそも、足利将軍家—朝廷（天皇）の関係はいかなるもので、それはどのように生まれたのだろうか。ここで、少しばかり時間軸を巻き戻そう。

十四世紀前半、足利尊氏《たかうじ》（一三〇五～五八）は後醍醐《ごだいご》天皇（大覚寺統《だいかくじとう》。一二八八～一三三九）を倒して権力を握った。その後、尊氏は後醍醐天皇とは別系統（持明院統《じみょういんとう》）の皇族を新たな天皇とし（＝北朝）、暦応《りゃくおう》元年（一三三八年／延元《えんげん》三年〈南朝年号〉）、北朝の光明《こうみょう》天皇（一三二二～八〇）から征夷大《せいいたい》将軍《しょうぐん》に任じられた。足利将軍家の始まりである。

このように、足利将軍家は朝廷（天皇）と結びつくことで武家社会の頂点に立った。それと同時に、将軍家は北朝天皇家の保護者となりつづける宿命をも背負うことになったのである。この「保護者」という立場は、武士の中で足利将軍家が唯一、天皇と直結しうる存在であることを意味する。

こうした点をアピールすることによって、足利将軍家は、有力守護などほかの大名と決定的に異なる超越者、別格の存在であることを、大名以下、世間に知らしめたのである（石原：二〇一八）。ここに、足利将軍家—朝廷（天皇）との相互補完的な関係が誕生したと言えよう。

財政の自助努力を求められた朝廷

北朝天皇家の「保護者」としての重要な役割の一つに、朝廷への資金援助がある。足利将軍家は、天皇即位礼など朝廷儀式の挙行や禁裏《きんり》御所（天皇の住居）の整備といった費用を折々に提供していたが、やがてそれがままならなくなった。戦国時代に入り、足利将軍家が次第に衰退していくにつれ、朝廷への十分な資金援助もなしえなくなったからである（末柄：二〇一八）。

それに追い打ちをかけるように、このころは日本各地にあった禁裏御料所《ごりょうしょ》（朝廷が所有する荘園）からの年貢収入も途絶えがちになっていた。応仁《おうにん》・文明《ぶんめい》の乱《らん》（一四六七〜七七年）という未曾有《みぞう》の大乱をきっかけに、戦乱が日本各地に広まったからである。かかる状況は、朝廷に大きな打撃を与えた（今谷：二〇〇二など）。

しかし、この事態に対し朝廷が無為無策だったわけではない。

朝廷は、自助努力によってなんとか財政難を切り抜けようとしている。たとえば、正親町天皇は公家（山科言継《やましなときつぐ》〈一五〇七〜七九〉）を伊勢国《いせのくに》（三重県）の大名・北畠具教《きたばたけとものり》（一五二八〜七六）のもとに遣わし、朝廷儀式（後奈良天皇の忌明《いみあ》け儀式）の費用を献上してほしいと求めた。その結果、北畠氏から三十貫《かん》、現在の三〜四百万円ほどの銭貨をもらい受けることに成功したのである（『言継卿記《きょうき》』永《えい》禄《ろく》元年〔一五五八〕八月十三日条・九月十四日条）。

同様の依頼は、徳川家康《とくがわいえやす》（一五四二〜一六一六）・織田信長《おだのぶなが》（一五三四〜八二）のもとにも届き、彼らからも費用援助を引き出している（『言継卿記』永禄十二年〔一五六九〕七月十三日条・十一月七日条）。

官位叙任を望む戦国大名

また、朝廷財政を潤すため、天皇は官位（官職と位階）を濫発《らんぱつ》した。

後奈良天皇の在位期（一五二六～五七年）には、各地の戦国大名が望むままに官位を授けたほか、僧侶に対しても尊号《そんごう》（国師《こくし》号の授与や香衣《こうえ》着用の許可）の授与を行っている。朝廷（天皇）にとっては、いずれも見返りとしての謝礼金を期待しての行為であった。

他方、戦国大名側は官位には即効的な効果、たとえば官位に付帯《ふたい》する権限や権益はないものの、近隣の他大名との競争や支配を有効に進めるための名分《めいぶん》の一つと認識していた（木下：二〇一一）。戦国大名たちは、ライバル関係にある大名を凌《しの》ぐために、高額な謝礼金も厭《いと》わず、より高いランクの官位を得ようとしていたのである。官位叙任は、まさしく朝廷（天皇）・戦国大名の双方ともに、ウィンウィン（win-win）の交渉であったと言えよう。

このように、戦国時代の天皇はけっして花鳥風月を友とする文弱な徒ではなかった。当時の天皇・朝廷には、自助努力によって朝廷を運営していくことが課せられていたのである。

二　裁判における補完と分掌

「裁判所」としての役割

とは言え、当時の天皇が謝礼金欲しさに無軌道な政務ばかりを執り行っていたわけではない。

朝廷では、古くから「徳政《とくせい》（善政）とは人事と裁判である」という認識を持っており（『平戸記《へいこき》』延《えん》応《おう》二年〔一二四〇〕二月二十日条）、これは戦国時代に至っても変わらなかった。

実際この時代でも、天皇のもとへは公家や寺院・神社からいろいろな問題や訴えが持ち込まれ、その解決や調停が求められている。

以下、こうした朝廷での裁判や案件処理の具体例を見ていこう。

(1)山崎油の公用をめぐる争い【十三代将軍・足利義輝期】

永禄四年（一五六一）、朝廷の官人《かんじん》（下級官吏《かんり》）である中原師廉《もろかど》と清原枝賢《しげかた》（一五二〇〜九〇）とのあいだで、山崎（京都府乙訓《おとくに》郡大山崎《おおやまざき》町）で産せられる油＝山崎油（荏胡麻《えごま》から搾《しぼ》った油）の徴収権（現物納入と管理）をめぐって争いが持ち上がった。

本来、山崎油の徴収権は中原家にあったにもかかわらず、清原家はそれを認めず、勝手に山崎油を徴収していたのである。じつは、清原枝賢は足利将軍家の遠戚にあたることから、陰で将軍・足利義《よし》輝《てる》（十三代将軍。一五三六～六五）の支持を得ていた。それを頼りに、清原方では中原家の権利を踏みにじって徴収を強行していたのである。

かかる枝賢の暴挙に中原師廉は怒り、朝廷に訴え出た（「大外記《だいげき》中原師廉申状《もうしじょう》」）。その結果、朝廷において裁判が行われ、時の正親町天皇は「中原家を勝訴とする」という裁決を下した（「正親町天皇綸旨案《りんじあん》」）。

しかし、清原枝賢は翌年（永禄五年〔一五六二〕）に至っても朝廷の裁決を無視し、山崎油を徴収しつづけた。おそらく枝賢は、なおも将軍義輝の陰からの支援を恃《たの》みに態度を改めなかったのだろう。

一向にやまぬ枝賢の横暴に困惑した師廉は、今度は将軍義輝に訴え出た（「大外記家雑掌《ざっしょう》申状案」）。幕府でも審議がなされた結果、将軍義輝も「中原家に理がある」と認めた。これによって、ようやく師廉の要求は通り、中原家は山崎油の徴収権を確保するに至ったのである。

この一連の裁判の中で注目される点として、以下の三点が挙げられる。

①まず、戦国期においてもなお、朝廷では天皇の指揮のもと裁判手続きが行われていたことである。師廉が朝廷に訴え出たのも、「裁判所」としての朝廷の役割に期待を寄せていたからである。加えて山崎油の徴収権は、朝廷における中原家の職務に付帯するものであった。だからこそ、師廉は提訴先としてまず朝廷を選んだのである。

②訴えを受けた朝廷は、幕府に諮《はか》ることなく独自に審議を行い、裁決を下していることである。清

原枝賢―将軍義輝のあいだのつながりはあっても、裁定の場で朝廷はそれを忖度《そんたく》することはなかった。当時の朝廷は、けっして将軍の「言いなり」、傀儡といった存在ではなかったのである。

③なお、朝廷での裁決が実現されるには、将軍の協力が必要な場合もあった。たとえば、枝賢のように裁決を無視し、権益を侵しつづける者を排除する天皇独自の「軍勢」といったものは存在しない。このような者に対処するには、やはり武力を持つ幕府の力が必要であった。それゆえ、師廉は改めて幕府に訴え出たのだろう。ここからは、朝廷と幕府の補完的な関係を見いだすことができる。

(2)禁裏御倉職の任命と賦役免除をめぐって【十五代将軍・足利義昭期】

つづいて十五代将軍・足利義昭《よしあき》期（在位一五六八～八八年）に下って、朝廷と幕府それぞれの案件処理の様子を見ていこう。

永禄十一年（一五六八）十月に、晴れて十五代・足利将軍に就任した義昭（一五三七～九七）は、かつての義晴《よしはる》（十二代将軍。一五一一～五〇）・義輝（十三代将軍）時代以来の実務に長《た》けた奉行人などを登用したうえで、幕府の政治機構を再整備した。従来どおり、訴訟にも十分対応しうる構えを見せ、実際に案件も処理している（久野：二〇一七）。

かかる義昭に対して、朝廷側も期待を寄せていることが次の例から読みとれる。

戦国時代の京都には、朝廷の財務管理を行う役職として禁裏上御倉職《かみみくらしき》があり、代々、立入《たてり》家が任命されていた。永禄十二年（一五六九）七月、将軍義昭は立入家三代目の当主宗継《むねつぐ》（「そうけい」とも。一五二八〜一六二二）に対し、禁裏上御倉職の特権ともいうべき地子銭《じせん》（地代）の納入免除を含め、さまざまな賦役《ぶえき》（「ふえき」「ぶやく」とも。年貢やそれ以外の賦課）の免除を認めた（「室町幕府奉行人連署《れんしょ》奉書《ほうしょ》」）。

だがこれは、当時点（永禄十二年〔一五六九〕）で宗継が三代目当主の座に就いたことによる措置ではない。宗継は、すでにこの七年前（永禄五年〔一五六二〕十二月）に禁裏上御倉職に就任していた。永禄五年に宗継が禁裏上御倉職を相続・継承するにあたっては、まず正親町天皇から承認を受けている。そのうえで、朝廷から幕府（十三代将軍・義輝）に対して宗継の賦役を免除するよう、命令が下り、この命を受けた将軍義輝によって実行に移されたのである（「広橋国光施行状《ひろはしくにみつしぎょうじょう》」）。

つまり、宗継による永禄十二年（一五六九）時点でのアクションは、義昭の十五代将軍任官にともない、新将軍に対し改めて賦役免除を求めたものと言える。宗継からの求めに応じて義昭は、以前に正親町天皇が承認した宗継の禁裏上御倉職就任の事実を確認したうえで、改めて賦役免除を認めたととらえられる。

おそらく義昭は、義輝と同様の措置をとることで、自身の「将軍」としての立場を朝廷側にも示し、印象づけたのであろう。

このように、義昭および義輝は、禁裏上御倉職の任命や相続人の承認といった人事には関与していない。これは、朝廷にかかわる役職の問題であり、あくまでも天皇（朝廷）の管轄事項であった。朝廷が相続人の承認を行い、幕府（将軍）が朝廷からの命をもとに相続・継承にともなう諸権益を保証するというように、公武《こうぶ》で補完・分掌《ぶんしょう》がなされていたことがわかる。

かかる補完・分掌のあり方は、義輝期から義昭期まで変わることなく存続していたのである。

三　危機を回避する朝廷の武家対策

抗争を回避する天皇

このほか、戦国時代の天皇は政治的中立をはかることで、武家権力者間との抗争を間接的に回避する役割も果たしている。朝廷が幕府と補完的な関係にある以上、朝廷は時に幕府（将軍家）の内訌《ないこう》（内紛）に左右されることもあった。

また、当然のことながら戦国の世、この時期の京都には三好氏や六角氏ら、力を持った武家たちが次々と登場しては消えていく、といった現象がたびたび起こっている。このような政治的に不安定な状況下、天皇（朝廷）は武家たちの帰趨《きすう》を見極めて対応する必要があったのである。

(1)改元をめぐって

このたびの「令和改元」からわかるように、改元（＝元号の改定）の契機として挙げられるのは、天皇の代替わりである。もっとも明治時代以前には、ほかに天変地異・祥瑞《しょうずい》・兵乱の際にもしばしば改元が行われている。また、古代中国の思想（讖緯説《しんいせつ》）に基づいて、干支《かんし》が「辛酉《しんゆう》」「甲子《こうし・かっし》」の年には大変革が起きると考えられていた。よってその年に、大変革の区切りとして改元がなされることがあった。

改元は、今も昔も天皇固有の権限である。だが室町時代、改元に将軍の関与も見られることから、これまでの研究では、朝廷側か武家側のどちらが改元の主導権を握っていたのかという点で評価が分かれていた（今谷：一九九〇）。

だが近年、研究の進展により、室町時代においては、朝廷側・武家側いずれか一方の意のままに改元が行われていたわけではなかったことが明らかとなった（神田：二〇一一）。この時代（＝室町時代）の改元の多くは、天皇・将軍の合意に基づくもので、両者の思惑が合致して実現に至っているのである。

また改元には、朝廷が武家権力者の正統性（誰が武家権力のトップたりうるか）を認定する意義があった。朝廷との合意を経て改元実施を担う者こそが、武家権力のトップとみなされていたのである。とくに戦国時代にはこの側面が色濃く表れていた。その例を見てみよう。

戦国時代末期（十六世紀中ごろ）、京都を支配し足利将軍以上の存在感を示していたのが、三好氏である。永禄元年（一五五八）十一月、およそ五年のあいだ対立関係にあった将軍義輝と三好長慶《ながよし》（一五二二～六四）が、和睦《わぼく》を結んだことにより、京都の政情はいったん安定した。だが、それは一時的・表面的なものにすぎず、義輝―三好氏の関係は次第に溝が生じるようになった。

永禄七年（一五六四）三月、三好長慶は正親町天皇に改元を申請した。長慶は将軍同様に改元を執り行うことで、将軍をも凌ぐ自身の勢力を誇示しようとしたのだろう。加えて、ちょうどこの年の干支は甲子であるため、改元を行うべき年でもあったからであろう。改元を朝廷に持ちかけるには、十分な条件が揃《そろ》っていた。

これに対して、朝廷は返答をしなかった（『お湯殿《ゆどの》の上《うえ》の日記』永禄七年三月十六日条）。その後も公武間で改元の話題が持ち上がっていないことから、朝廷は三好氏の申し出による改元の実施を拒否し、それを見送ったと考えられる。

もし朝廷が、三好氏の申し出を容《い》れ改元を実施したならば、室町時代の改元の慣例に従わず将軍を無視したことになってしまう。その結果、朝廷と将軍義輝との関係にひびが入りかねない。また、改元が実現したことで、三好氏が将軍をさしおいた行動をとったことにもなる。義輝―三好氏の関係が再び悪化することは、想像に難くない。

朝廷は、三好氏からの改元要請を拒否することで、義輝―三好氏間の抗争に巻き込まれることを回避したのである。これは同時に、京都の政情の安泰を保持することにつながる行為でもある。これこそが、本来行うべき甲子の年の改元を見送ってまでも下した朝廷の政治的判断であった。なお明治時代に至るまで、「甲子改元」が行われなかったのは、この年のみである（天野：二〇一六）。

(2)二人の将軍候補と朝廷スキャンダル

永禄八年（一五六五）五月、十三代将軍・義輝が、三好長慶の急死により家督を継いだ義継《よしつぐ》（?〜一五七三）、松永久通《まつながひさみち》（久秀《ひさひで》〔一五一〇〜七七〕の嫡子。一五四三〜七七）らにより弑殺《しいさつ》された。その後、次代将軍の座をめぐっては、足利義栄《よしひで》（義輝の従兄弟《いとこ》。一五三八?〜六五）と義昭（義輝の同母弟）の二人が鎬《しのぎ》を削っていた。とくに義栄はしばしば朝廷に接触したが、朝廷はいかに対応したのだろうか。

将軍義輝の殺害を知った義昭は、ただちに挙兵し、義栄と次期将軍の位を争ったが、義昭は永禄九年（一五六六）に三好氏らに敗北し、越前国《えちぜんのくに》（福井県）に立ち去った。その結果、義栄が次期将軍の座をぐっと引き寄せていったのである。

こうした最中の翌永禄十年（一五六七）十月、朝廷でスキャンダラスな事件が起きた。時の正親町天皇の寵愛《ちょうあい》する後宮《こうきゅう》女房（目々典侍《めめすけ》。飛鳥井雅綱《あすかいまさつな》〔一四八九〜一五七一〕の娘）が、ある公家（久我通《こがみち》俊《とし》〔一五四一〜七五〕）と密通していたことが発覚したのである。

この密通事件は、次期将軍の座を手にしつつあった義栄の耳にも入った。義栄は、「このようなスキャンダルは朝廷だけではなく、将軍家の面目をも失わせるものであるから、要請があれば、自分が問題解決にあたってもよい」と乗り出している（『晴右記《はれみぎき》』永禄十年十一月二十四日条）。しかし、朝廷はこの申し出を断ったようである。

また義栄は、正式な将軍任官以前から、本来ならば将軍しか行いえない年中行事の際の献上を行っていた。これは、もう一人の将軍候補たる義昭の存在を意識したうえで、自らの存在を朝廷にアピールするためである。だが、朝廷は義栄からの献上は受けても、それに対する返礼は行っていない(『お湯殿の上の日記』永禄九年〔一五六六〕十月十一日条)。

かかる朝廷の姿勢は、義栄のライバルである義昭を慮《おもんぱか》ってのことだろう。次期将軍の座は義栄が手にしつつあったが、義昭が挽回《ばんかい》する可能性もゼロではなかった。そこで、朝廷は二人の将軍候補のうち、どちらか一方と関係を取り結ぶようなことは極力避け、義栄—義昭間の抗争に巻き込まれて危機に陥らないようにしていたのである。

以上、改元、将軍職の継承問題の事例から、朝廷は武家側(将軍側)の希望を容れるか否かを機敏に判断することによって、武家勢力の政治的動揺を回避していたことがわかる。その目的は、まず天皇自身と朝廷の安泰をはかることにあった。さらに、間接的ではあるが、京都の地を再び戦場にさせないための配慮だったとも考えられる。

おわりに――将軍にとって、天皇はどんな存在だったのか

以上、見てきたように、最新の研究からわかることは、戦国時代の天皇はたんなる伝統的権威ではなく、「武家の傀儡」でもなかったことである。当時の天皇と朝廷は、裁判や改元のあり方からもわかるように、形式・名目といった意味ではない政治的な役割を果たし、幕府（武家）と相互補完的に存在していた。

もちろん当時、現実の政治支配の大半は武家が担っていたことは言を俟《ま》たない。そのうえで、当時の天皇は、武家の現実的な政治支配に対して、その支配には正当性（理があるか、正しいか）・正統性（権力の由来がふさわしいか）を判断したうえでそれを規定し、方向づけるという、政治・社会秩序の保証者としての役割を果たしていた。

とくに、武家との合意で執り行われる改元から、朝廷は「誰が武家のトップか」を見極め、それを後押しする様子が窺《うかが》える。

一方、足利将軍家にとって天皇は、「天下《てんか》諸侍《しょざむらい》の御主《おんあるじ》」と認識させる符号＝征夷大将軍を任命する主体であった。だからこそ、将軍家も天皇を支えつづけていたのである。

だが、将軍家の支援を受けていたがゆえに、天皇・朝廷は将軍家の内訌や大名間の争いに巻き込まれやすい立場にあった。そこで天皇は、武家同士の抗争にはなるべく関与しないよう距離をとり、争

い合う武家の一方だけに過度に肩入れしないよう配慮していた。

明応《めいおう》二年（一四九三）四月の「明応の政変」（＝十代将軍・足利義稙《よしたね》〔一四六六〜一五二三〕が廃位となり、代わりに従兄弟の足利義澄《よしずみ》〔一四八一〜一五一一〕が十一代将軍に擁立《ようりつ》された事件）が起きた時のエピソードからも、同様のことが窺える。

時の後土御門《ごつちみかど》天皇（一四四二〜一五〇〇）は政変に衝撃を受け、側近の公家衆に退位の意向を示した。だが、公家衆の諫言《かんげん》（目上の者をいさめること）により、天皇は退位を思いとどまざるをえなかったのである（『親長卿記《ちかながきょうき》』明応二年四月二十三日条ほか）。これも、政変に左右されず足利将軍家の帰趨を見届けるために下された、朝廷の政治的判断だと言えよう。

この絶妙な「距離の取り方」こそが、戦国時代にあっても朝廷が没落せず、長く存続しえた一因だったのではないだろうか。

またこの配慮は、朝廷の安泰をはかると同時に、間接的に京都の治安維持にも貢献していた。争い合う武家の一方、たとえば劣勢に立たされていた側が朝廷と結びつき、天皇を担ぎ上げることで、戦況が一変し、激化することも考えられる。それにより、京都（とくに上京《かみぎょう》周辺）の地はまたしても焦土と化すだろう。

朝廷は中立をはかることで、京都をかつての応仁・文明の乱時のような「市街戦」に再びさらさせないように、心を砕いていたのである。

【主要参考文献】

天野忠幸『三好一族と織田信長―「天下」をめぐる覇権戦争―』（戎光祥出版、二〇一六）
石原比伊呂『足利将軍と室町幕府―時代が求めたリーダー像―』（戎光祥出版、二〇一八）
池享『戦国・織豊期の武家と天皇』（校倉書房、二〇〇三、初出一九九二）
今谷明『室町の王権―足利義満の王権簒奪計画―』（中公新書、一九九〇）
同『戦国時代の貴族―『言継卿記』が描く京都―』（講談社学術文庫、二〇〇二、初刊一九八〇）
神田裕理『戦国・織豊期の朝廷と公家社会』（校倉書房、二〇一一）
同『戦国・織豊期朝廷の政務運営と公武関係』（日本史史料研究会、二〇一五）
木下聡『中世武家官位の研究』（吉川弘文館、二〇一一）
久野雅司『足利義昭と織田信長―傀儡政権の虚像―』（戎光祥出版、二〇一七）
末柄豊『戦国時代の天皇』（山川出版社、二〇一八）
立花京子『信長権力と朝廷　第二版』（岩田書院、二〇〇二）

【さらに詳しく知りたい読者のために】

①神田裕理『朝廷の戦国時代―武家と公家の駆け引き―』（吉川弘文館、二〇一九）
②末柄豊『戦国時代の天皇』（山川出版社、二〇一八）

③山田康弘『戦国時代の足利将軍』(吉川弘文館、二〇一一)

①は、「武家の世」に生きた天皇や公家たちが、武家(足利将軍・天下人)とさまざまな政治交渉を繰り広げていたことを解明する。そのうえで天皇や公家衆の主体性を再評価し、「傀儡」ではない朝廷像を描き出す。

②は、戦国時代、朝廷を安定的に存続させるべく舵《かじ》取りをした後土御門天皇・後柏原天皇・後奈良天皇・正親町天皇四代の営みを、政務運営・天皇の日常生活・公家衆や後宮女房の動向・親王への教育といった諸側面から活写している。

③は、足利将軍が戦国時代に至っても、武家の頂点として君臨しつづけられた理由を、さまざまな「メリット」(訴訟・栄典授与・交渉の窓口・敵対大名への牽制《けんせい》ツールなど)から解き明かす。これらの「メリット」から生まれた足利将軍―大名たちの相互補完的な総体を、戦国期「幕府」と位置づけている。

〈第八章〉
【女房衆・女中衆】
足利将軍を側で支えた公家・武家出身の「女房」たち

奥野　友美

はじめに――将軍家の女性家臣

天皇家には、今も昔も天皇や皇妃たちに仕える「女官《にょかん》」がいる。それと同様に、足利将軍家にも「女房衆《にょうぼうしゅう》」や「女中衆《じょちゅうしゅう》」などと呼ばれる女性たちがおり、歴代の将軍やその家族たちに仕えていた。なお、現代では「女房」というと主に自分の妻のことを指すが、もともとの意味をたどれば、宮中に仕えた上級女官を総称して「女房」と呼んだのが始まりである。その後、武家社会にもこの用語が持ち込まれ、将軍家に仕える女官たちも「女房」と呼ばれるようになったのだ。

本稿では、戦国時代の足利将軍家に仕えていたこうした女房たちに注目し、彼女たちの活動の実態を確認しながら、将軍家での知られざる役割を、最新研究をもとに考察していきたい。

一　将軍・足利義晴に仕えた女房たち

名門公家出身の「一対局」

さて、戦国期の将軍家には、どのような人たちが女房として仕えていたのだろうか。

ここでは、戦国時代半ばに活躍した十二代将軍・足利義晴《よしはる》（在位一五二一～四六年）の時代を例に挙げよう。諸記録によれば、義晴には「一対局《いちのたいのつぼね》」や「佐子局《さこのつぼね》」、そして「春日局《かすがのつぼね》」「宮内卿局《くないきょうのつぼね》」といった女性が女房として仕えていたことがわかっている（次頁の表を参照）。

このうち表中①の一対局というのは、天皇に仕える公家の名門・転法輪三条《てんぽうりんさんじょう》家当主の娘であり、当初は宮中に入って天皇の女官になることになっていた（転法輪三条家の女性たちはこのころ、天皇家の上級女官になる者が多かった）。

ところが、たまたま将軍家の女房に欠員が生じたことから、彼女は宮中ではなく将軍御所に入り、将軍義晴に仕えることになったのだ（『実隆公記《さねたかこうき》』大永《だいえい》五年〔一五二五〕八月二十一日、十二月十三日条ほか）。

ところで、一対局は「転法輪殿局《てんぽうりんどののつぼね》」とも呼ばれ、「臈次《ろうじ》」は大上臈《おおじょうろう》であった（『大館常興日記《おおだちじょうこうにっき》』天《てん》文《ぶん》八年〔一五三九〕十二月三日条）。この臈次というのは、将軍家の女房たちの「ランク」のことである。上臈《じょうろう》とか中臈《ちゅうろう》、下臈《げろう》などがあり、大上臈は最高ランクであった。

ちなみに、この臈次＝ランクはおおむね女房たちの出身家柄によって決まった。それゆえ、名門公家の出身であった一対局は、最高位の大上臈とされたのである。

武家出身の女房たち

さて、一対局以外に将軍義晴に仕えていた女房たち——佐子局や春日局、そして宮内卿局らは、いずれも武家出身の者たちであった。

このうち、表中②の佐子局は、将軍直臣《じきしん》である三淵《みつぶち》氏の出身、⑥の左京大夫局《さきょうのだいぶのつぼね》も、やはり将軍直

足利義晴に仕えた主な女房　筆者作成。

女房名	出自	臈次（ランク）	備考
①一対局（上臈局、転法輪殿局）	転法輪三条実香の娘	大上臈	大永5年（1525）に将軍家女房となる
②佐子局（八瀬局、清光院）	三淵晴員の姉	小上臈	天文7年（1538）に出家して清光院と称す
③佐子局		小上臈	②清光院の出家後、佐子の局名を継承
④春日局（左衛門督局）		中臈	大永7年（1527）以降は見えず
⑤宮内卿局		中臈	義晴死後に落髪
⑥左京大夫局（摂津殿局）	摂津元造の娘	中臈	天文13年（1544）死去

臣・摂津《せっつ》氏の出身であった。また、⑤の宮内卿局は義晴の乳人《めのと》（母親に代わって子育てをする女性）であり、播磨国《はりまのくに》（兵庫県南西部）の大名・赤松《あかまつ》氏一門に関係した女性であったようだ（設楽：二〇一七）。

なお、彼女たちは一対局とは異なって名門公家の出身ではなかったので、臈次は小上臈、または中臈というランクであった。ちなみに、彼女たちの父や兄弟たちも将軍義晴に近侍《きんじ》していた。たとえば、佐子局の弟・三淵晴員《はるかず》（一五〇〇～七〇）は義晴の近臣であった。

ところで、佐子局や春日局といった「〇〇局」という呼び名は本名ではない。一種の称号・肩書である。そしてこの局名《つぼねめい》は「同じ家の出身である女房が同じ局名を継承する」ということになっていたようだ（設楽：二〇一七）。

たとえば「春日局」という局名は、摂津氏出身の女房が多く名乗っていた。なお、こういった局名は「昇進するたびに変化する」という慣例になっていた。たとえば、「春日局」になる女房は、最初は「左京大夫局」と称し、次いで「左衛門督局《さえもんのかみのつぼね》」と号し、最後に「春日局」を名乗った。

では、こういった将軍家の女房たちは、具体的にどのような仕事を担っていたのだろうか。

二　女房たちに期待された役割とは？

「奥向き」の諸事をサポート

将軍家の女房たちの任務としてまず挙げられるのは、「奥向《おくむ》き」から将軍を支えることである。たとえば、将軍御所《ごしょ》内で行われるさまざまな儀式・宴会の執行をサポートし、将軍御所に参上《さんじょう》する者たちの接待、公家衆や寺社からの各種問い合わせなどにも対応した。

また、将軍の仰《おお》せを奉《ほう》じて公文書《こうぶんしょ》を出すこともあった。天皇に仕える女官たちも、天皇の意を奉じて公文書を下していたが（これを「女房奉書《にょうぼうほうしょ》」といった）、将軍家の女房たちも同じような役目を果たしていたのである（山田：二〇〇〇）。

将軍への「取次役」を担う

さらに、彼女たちは将軍への「取り次ぎ」も担うことがあった。

そもそも、戦国時代であっても将軍と各地の大名（＝戦国大名）たちとの交流関係は、依然として維持されていた。大名たちにとって将軍は、まだまだ「利用価値」のある存在であり、それゆえ多くの大名たちが戦国期においても、将軍と日ごろからコンタクトを保っていたのだ。したがって、こうした将軍―大名関係が円滑に保たれるような、いわば仲介者が将軍周辺では必要とされた。

また、戦国期でも将軍家のもとには各方面（公家や寺社などの荘園領主、京都の商人や村落など）からさまざまな要望、訴訟の解決依頼などが数多く持ち込まれていた（第三章の山田康弘論文を参照）。それゆえ、こういった依頼などを将軍に披露する者も必要とされた。というのは、将軍は武家社会では至尊《しそん》の存在であり、したがって、将軍に直接何かを申し上げることは許されなかったからだ。

そこで、将軍の周辺には、将軍と外部の者との間を仲介する「取次役」が置かれた。

通常、こうした取次役は、男性の将軍側近たちがこれを担った。しかし、将軍家の女房たちもまた取次役を果たしていたのだ。女房たちは将軍に近侍し、場合によっては男性の将軍側近より大きな影響力を持つことがあったからである。

では、具体的に女房たちはどのような生涯を送り、将軍に対していかなる影響力を持ったのだろうか。次に、義晴に仕えた女房の一人、表中②の佐子局の生涯を追ってみよう。

三　女房たちは、どのような生涯を送ったのか――佐子局の場合

幼少期の義晴に仕える

佐子局は、先に述べたように将軍家直臣の三淵氏出身であった。生年は不明だが、弟（三淵晴員）が明応《めいおう》九年（一五〇〇）の生まれなので、それよりも少し年長であろう。

ところで、彼女が主君として仕えた足利義晴は、十一代将軍・義澄《よしずみ》（一四八一～一五一一）の子息として永正《えいしょう》八年（一五一一）に近江国《おうみのくに》（滋賀県）で生まれた。京都ではなく近江で生まれたのは、このころ父・義澄が京都を追われ、将軍位を失って近江に流寓《るぐう》していたからである（序章の山田康弘論文、「足利義澄」の項を参照）。

さて、義晴は生まれて程なくして、父の意向によって播磨国に下った。父の支援者だった播磨の有力大名・赤松氏（赤松義村《よしむら》〔?～一五二一〕）のもとに預けられたのだ。そして、どうやら佐子局はこの播磨において、まだ幼少だった義晴に仕えていたらしい（設楽：二〇一七）。

こうしたなか、播磨にあった義晴に大きな転機が訪れた。永正十八年（一五二一）に京都で政変が発生したのである（将軍の足利義稙《よしたね》〔一四六六～一五二三〕が、細川高国《たかくに》〔一四八四～一五三一〕の専横に怒り京都を出奔《しゅっぽん》した）。その結果、義晴は思いがけずに新将軍（十二代将軍）に就任することになった。

こうして、義晴は永正十八年七月六日、播磨から京都に上り、次いで十二月二十五日に征夷大将《せいいたいしょう》軍《ぐん》に任じられた。もとより佐子局もまた義晴に従い、播磨から上京した。ちなみに、この時義晴はまだ数えで十一歳だった。一方、佐子局は二十代になっていたと思われる。

身近で頼りになる存在

こうして義晴は将軍となった。しかし、彼はまだ年少であり、将軍になったといってもできることは限られていた。しかも、義晴はしばしば重臣たちの抗争に巻き込まれた。それゆえ、彼は京都を脱出し、近江国などに流寓することも多かった。

たとえば、大永七年（一五二七）には政争に遭遇して京都から近江に下り、七年間も京都に戻ることができなかった。

佐子局はこのような義晴に仕え、よく補佐した。このころの佐子局について、後年、将軍家のある老臣が次のように述懐している。「当時は、何事も佐子局を通じて公方様《くぼう》（義晴）から上意《じょうい》をもらい受けていた」というのだ（『大館常興日記』天文九年〔一五四〇〕三月十五日条）。

どうやら佐子局は義晴に重用され、その政務決裁にも深くかかわっていたらしい。彼女は若い義晴にとって、身近で頼りになる存在だったようだ。

隠居するも、なお健在なり

さてその後、義晴は二十四歳の時、近江の流寓先で公家最高の名門・近衛《このえ》家から御台所《みだいどころ》（＝正妻）を迎えた（天文三年〔一五三四〕六月八日。『北野社家《しゃけ》日記』同日条）。そしてこの直後、義晴は長かった近江での亡命生活を終え、京都に戻った。

すると、佐子局はこのタイミングで将軍御所を退去し、京都近郊の八瀬《やせ》（京都市左京区）に隠居した。そして、そのあとしばらくして尼になり、「清光院《せいこういん》」と称した。この時、佐子局はおそらく三十代後半か、四十代初めくらいの年齢であったろう。

もっとも、佐子局（＝清光院）は隠居したといっても、完全に引き籠もってしまったわけではなかった。彼女はこのあとも義晴にしばしば意見を申し述べた。だが、義晴はすでに二十代後半という年齢になり、将軍として積極的に政務決裁を執り行っていた。そうした義晴にとって、佐子局は次第に鬱陶《うっとう》しい存在になっていたようだ。

それゆえ、義晴と佐子局は時には対立した。しかし、佐子局はそれでも義晴に意見を具申し、周囲の者たちもこうした佐子局を頼りにした。一例を挙げよう。

大坂本願寺との「取次役」

先に述べたように、将軍家女房の大切な任務の一つに将軍への取次役があった。そして佐子局は、弟の三淵晴員とともに大坂本願寺《ほんがんじ》と将軍義晴との、取次役を担っていた。

この本願寺というのは、周知のように浄土真宗の本山であり、戦国期には日本列島各地に数多くの信者（＝門徒《もんと》）を有していた。そのうえ、加賀国《かがのくに》（石川県南部）における事実上の大名でもあるなど、巨大な勢威を持つ大寺院であった。佐子局は弟と一緒に、このような本願寺と将軍義晴との間を仲介し、両者の関係が円滑に推移するよう図っていたのだ。

具体的には、彼女は義晴からの命令を本願寺に伝え、逆に本願寺の要望を義晴に伝えたりしていた。また、義晴の意向を受け入れるよう、本願寺に対して圧力をかけたりもした。もとより、彼女は将軍家の女房であるから、基本的には義晴の利益のために動いた。

しかし、将軍—本願寺間の関係が安定化するには、本願寺の利益もそれなりに図ってやらねばならない。それゆえ、佐子局は本願寺の要望が実現されるよう、義晴やその周辺に働きかける、といったこともしていた。そうしたケースを一つ紹介しよう。

「苦々しき程」に義晴を諫言す

天文六年（一五三七）、将軍義晴は本願寺に対し、「将軍家へ献金せよ」と命じた。しかし、このころ本願寺は財政難に直面していたこともあり、これを拒否した。すると「義晴が激怒し、本願寺を将軍家の「御敵《おんてき》」に指定しようとしている」という知らせを本願寺は受けた。

本願寺はこれを知って大いに慌てた。本願寺は大名並みの勢威を持つ大寺院であったが、将軍家の「御敵」にされ、周囲から孤立してしまうことを何よりも恐れていたからである（かつて、本願寺は周囲から孤立し、近隣の大名から総攻撃を受けて滅亡に瀕《ひん》したことがあった。天文元年〔一五三二〕の山科《やましな》本願寺の戦い）。

それゆえ、本願寺は困り果て、佐子局に泣きついた。「義晴との関係を取り持ってほしい」と彼女に歎願《たんがん》したのだ。そこで、佐子局はこれを承知し、義晴のもとに出かけていった。そして義晴に対し、厳しく諫言《かんげん》を呈して本願寺を弁護した。当時の史料によれば、彼女は義晴を「苦々《にがにが》しき程」に諫《いさ》めたという（『天文日記』天文六年〔一五三七〕十二月九日条）。

その結果、義晴も閉口し、ついに本願寺を許してやることにした。こうして本願寺は佐子局の尽力によって、将軍との関係破綻を回避することに成功したのであった。

四　女房たちの収入源は何だったのか

大名からの礼金、年貢の一部

最後に、将軍家に仕える女房たちの収入源について解説しておこう。

これまで述べたように、女房たちは将軍への取次役を担っていた。それゆえ、そうした仕事にともなっていろいろな収入——たとえば、将軍との間を仲介している大名から礼金などが入ってきた。

さらに、将軍家の直轄領からもたらされる年貢の一部が、女房たちの収入に当てられる、ということもあった。たとえば、若狭国《わかさのくに》（福井県西部）に宮川保《みやがわのほ》（福井県小浜市）という将軍家直轄の荘園があった。そして、そこの年貢収入の一部は、将軍家女房の一人である表中⑤の宮内卿局が手にすることになっていたのだ。

ちなみに、宮内卿局はこうした事情もあって、宮川保の年貢がきちんと上納されるよう尽力した。たとえば、現地に何度も使者を派遣して年貢を催促したり、将軍に願い、関係者に年貢をしっかり京都に運搬するよう命じてもらったりしていたのだ（「御内書案《ごないしょあん》　天文五年常興存知分《ぞんじぶん》」所収の天文七年〔一五三八〕十一月八日付御内書ほか）。

将軍家からの勤務手当

また、将軍家の女房たちには将軍から勤務手当が支給されてもいた。

なお、その金額は女房たちのランク（臈次）によって異なっていたようだ。たとえば、実務者クラスである「中臈」の女房は、夏に九貫文（今の九十万円くらい）、秋に四貫文、冬に十九貫文を支給され、さらに毎月一貫文ずつが将軍から与えられることになっていた（『簾中《れんちゅう》旧記』、『親孝《ちかたか》日記』大永二年〔一五二二〕七月二日条ほか）。

もっとも、戦国時代の将軍家は勢威が低下していたから、各地にある将軍家直轄領からの年貢は滞りがちであった。そのため、将軍から女房への勤務手当もしばしば遅配した（『大館常興日記』天文九年〔一五四〇〕四月三日条ほか）。とはいえ、女房たちはそれなりの収入を得ていたのであり、収入を得ようと自分で努力を重ねてもいた。先に挙げた宮内卿局はその好例といえよう。

したがって、女房たちの中には意外に富裕な者もいた。たとえば、財政難に苦しむ将軍家にお金を用立てる、といった者もいたのだ（『大館常興日記』天文八年〔一五三九〕閏《うるう》六月一日条ほか）。戦国時代であっても、将軍家に仕えた女房たちは意外な「しぶとさ」を見せていたといえよう。

【主要参考文献】

設楽薫「将軍足利義晴の嗣立と大館常興の登場―常興と清光院（佐子局）の関係をめぐって―」（木下昌規編著『足利義晴』戎光祥出版、二〇一七、初出二〇〇〇）

羽田聡「室町幕府女房の基礎的考察―足利義晴期を中心として―」（木下昌規編著『足利義晴』戎光祥出版、二〇一七、初出二〇〇四）

山田康弘『戦国期室町幕府と将軍』（吉川弘文館、二〇〇〇）

同「戦国期における将軍と大名」（木下昌規編著『足利義晴』戎光祥出版、二〇一七、初出二〇〇三）

【さらに詳しく学びたい読者へ】

足利義晴期の女房に関係する研究論文は、木下昌規編著『足利義晴』（戎光祥出版、二〇一七）にまとまって収録されている。「主要参考文献」と重複するものもあるが、まずは以下、四本の論稿をおすすめしたい。

①木下昌規「総論　足利義晴政権の研究」
②設楽薫「将軍足利義晴の嗣立と大館常興の登場―常興と清光院（佐子局）の関係をめぐって―」（初出二〇〇〇）
③羽田聡「室町幕府女房の基礎的考察―足利義晴期を中心として―」（初出二〇〇四）
④山田康弘「戦国期における将軍と大名」（初出二〇〇三）

本書は、足利義晴に関する研究のうち、単行本には収録されていないが必読すべき論考を集めた論文集である。

①は、同書編著者による総論（新稿）。義晴研究の到達点が女房研究も含め丁寧に記されており、学びの出発点になる。
②は、義晴を支えた側近としての佐子局に焦点をあてて検討したもの。

③は、義晴期の女房全般について人物と役割を分析。
④では、戦国期将軍と大名の関係性を考察するなかで、佐子局と大坂本願寺との交渉について紹介している。

第Ⅲ部

たそがれゆく足利将軍家

〈第九章〉【前代未聞の将軍暗殺】

十三代将軍・足利義輝は、なぜ殺害されたのか？

山下　真理子

はじめに――将軍御所を包囲

永禄《えいろく》八年（一五六五）五月十九日、十三代将軍・足利義輝《よしてる》（一五三六～六五）が京都の将軍御所で殺害された。

そもそも、義輝は十二代将軍であった足利義晴《よしはる》（在位一五二一～四六年）の嫡男《ちゃくなん》（＝跡継ぎ）として天文《てんぶん》五年（一五三六）に生まれた。そして、弱冠十一歳という若さで父から将軍位を譲られ、十三代将軍となった。それ以来、彼は二十年にわたって将軍として君臨してきた（序章の山田康弘論文中の「足利義輝」の項を参照）。しかし、ここで家臣の三好義継《みよしよしつぐ》（？～一五七三）や松永久通《まつながひさみち》（一五四三～七七）らに将軍御所を包囲され、殺されてしまったのだ。

当時、ある公家（山科言継《やましなときつぐ》〔一五〇七〜七九〕）はこの事件に衝撃を受け、その日記に次のように記している（『言継卿記《きょうき》』永禄八年五月十九日条）。

本日午前中、三好・松永らが一万ほどの軍勢を率いて将軍御所を包囲した。その後、将軍御所ではしばらく戦いがあり、これによって多数の将軍近臣たちが討死したそうだ。将軍様も殺害されたらしい。このような事件は前代未聞のことだ。これは、阿波国《あわのくに》（徳島県）にいる足利義栄《よしひで》殿（＝義輝の従兄弟《いとこ》。一五三八？〜六八）を新将軍として上洛《じょうらく》させるためだという。将軍御所の御殿は三好らにより、ことごとく放火されてしまった。（中略）三好・松永によって殺害されたのは、将軍様だけでなく、その兄弟や母親も含まれているそうだ。殺された将軍近臣は、総勢で五十名にも上るという。

さて、この事件に衝撃を受けたのは、この公家だけにとどまらなかった。たとえば、越前国《えちぜんのくに》（福井県北東部）の大名・朝倉《あさくら》氏は、越後国《えちごのくに》（新潟県）の大名である上杉謙信《うえすぎけんしん》（一五三〇〜七八）に書状を送り、「三好らの行為はじつに許しがたいものであり、前代未聞の出来事だ」と、衝撃をもってこの将軍殺害の詳報を伝えている（『上杉家文書』五〇四号）。京都から遠く離れた各地方の大名たちも、この事件には大いに関心を持っていたのだ。

それにしても、なぜ義輝は三好・松永らによって殺害されたのだろうか。本稿では、この将軍殺害事件の真相について、これまでの研究で示されたいくつかの説を紹介したい。

一　三好長慶との戦いに苦しむ将軍義輝

三好氏の出自とは？

戦国時代の足利将軍家は、畿内《きない》最大の勢威を持つ有力大名・細川《ほそかわ》氏によって主に支えられていた。しかし、この細川氏はしばしば宗家当主の地位をめぐり、一族・家臣内で激しく相争った。そのため、細川氏は次第にその勢威を低下させていった。

一方、細川氏とは逆に、次第に畿内で勢力を拡大してきた一族があった。それが三好氏である。では、この三好氏とはどのような一族であったのだろうか。

三好氏は、もとは阿波国に土着した武門の一族であり、歴代当主は阿波の大名である阿波細川氏（細川氏の一族）に仕えていた。それがなぜ畿内に勢力を広げてきたのかというと、阿波細川氏の者（細川澄元《すみもと》〔一四八九〜一五二〇〕）が細川宗家を継承することになったからである（次頁の細川諸家略系図を参照）。

細川諸家略系図

『尊卑分脈』『続群書類従』所収の「細川系図」を参考に筆者作成。

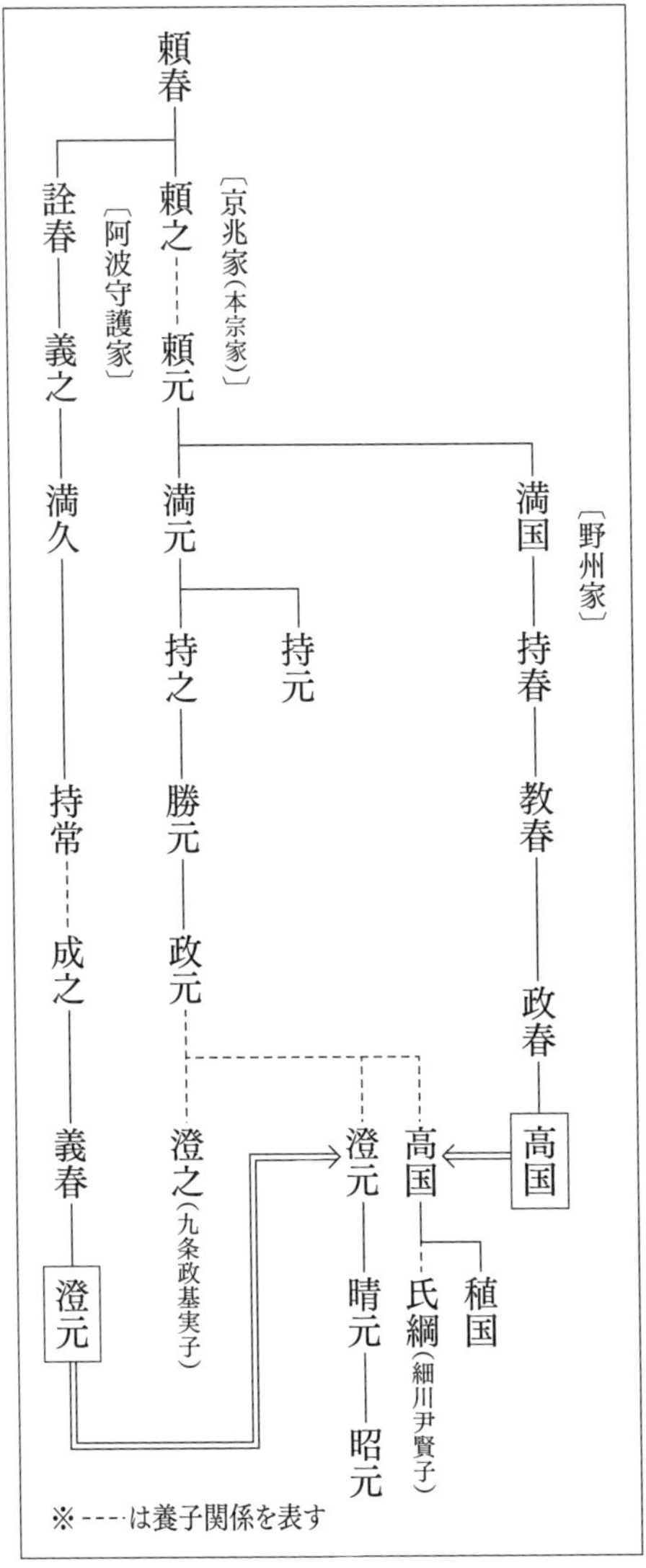

これを機に、家臣である三好氏も阿波から畿内に進出することになった。そして、ついには細川一族内での抗争とそれによる混乱に乗じて、細川氏に勝るとも劣らない勢力を持つに至ったのだ。

度重なる敗戦と和解

さて、義輝が将軍だったころ、この三好氏の当主は三好長慶《ながよし》（一五二二〜六四）という人物であった（次頁の三好氏略系図を参照）。長慶は細川宗家の当主・細川晴元《はるもと》（一五一四〜六三）を主君にあおぎ、権勢を振るった。しかし、このような長慶に対し、細川晴元は次第に脅威を感じる一方で、長慶の同族・宗三《そうさん》を重用した。その結果、三好長慶と細川晴元は対立することになり、ついに天文《てんぶん》十八年（一五四九）の「江口《えぐち》の戦い」（大阪市東淀川区）で両者は激突した（『細川両家記』ほか）。

この戦いは晴元の被官・三好宗三を敗ったことで、三好長慶の勝利で終わった。敗北した細川晴元は京都にいられなくなり、近江国《おうみのくに》（滋賀県）に没落していった。すると、義輝もまた京都を脱出せざるをえなくなった。なぜならば、義輝は細川晴元に支えられていたからだ。そこで、義輝は細川晴元とともに近江国の大名・六角《ろっかく》氏を頼り、京都から近江に落ち延びていった。

その後、義輝は三好長慶から京都を奪い返すべく戦った。細川晴元と協力し、京都に迫ったのだ。しかし三好軍は手ごわく、なかなか勝利を得られなかった。そこで、義輝は細川晴元と手を切り、三好長慶と和解することにした。その結果、義輝はようやく京都への帰還を果たすことができるようになった。時に天文二十一年（一五五二）閏《うるう》正月のことである（『言継卿記』天文二十一年閏正月十五日条）。

ところが、義輝と三好長慶との協調は長くは続かなかった。わずか一年で両者は対立した（『言継卿記』天文二十二年（一五五三）三月八日条ほか）。

三好氏略系図　天野忠幸「補論　三好一族の人名比定について」（『増補版　戦国期三好政権の研究』所収、清文堂出版、2015）より抜粋し、筆者・編集部が一部加筆。

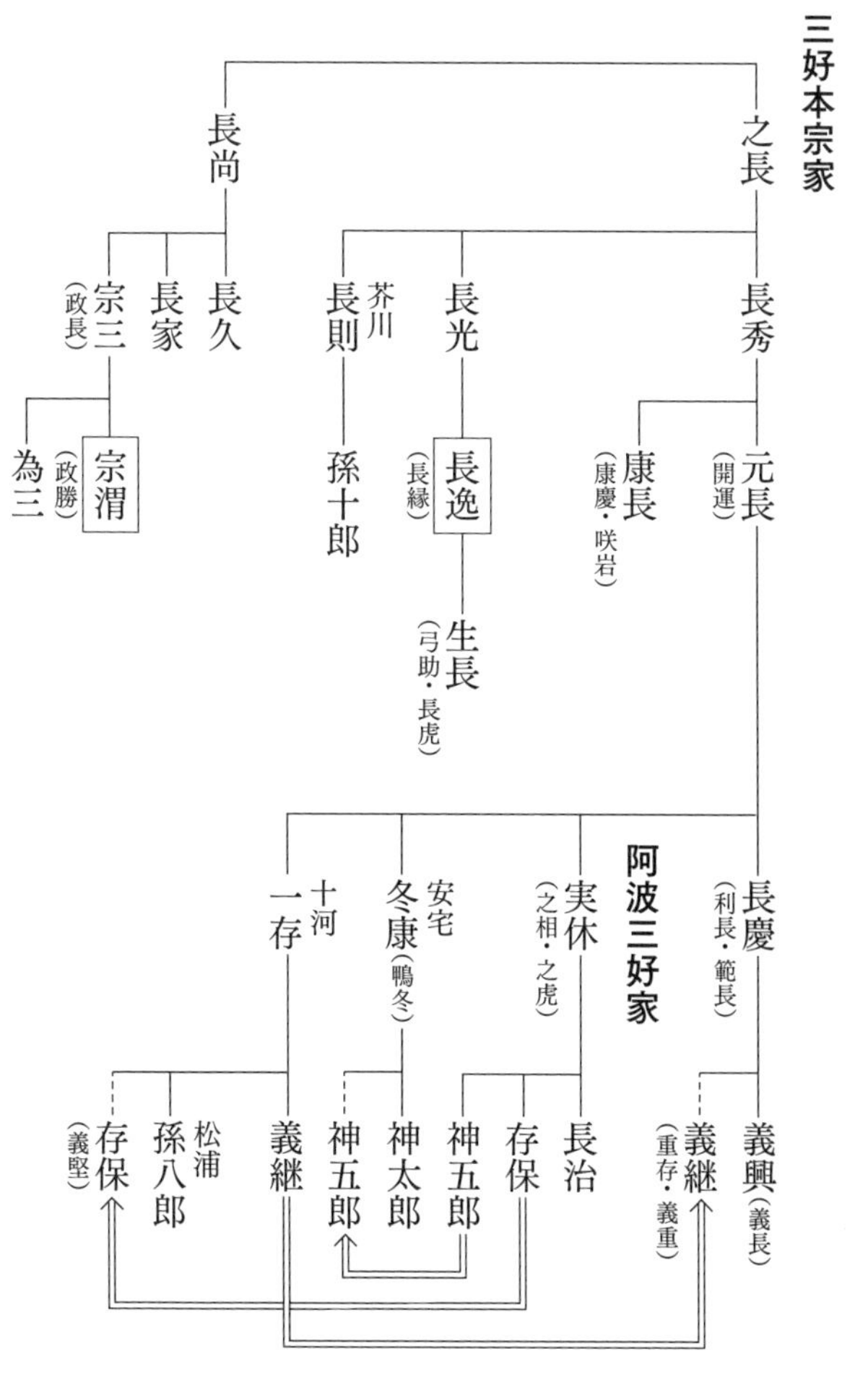

＊----は養子関係を表す。
□は三好三人衆を示す。他に石成友通がいる。

そこで義輝は、再び細川晴元と手を組み、天文二十二年八月に三好を討つべく兵を挙げたが、この挙兵も失敗に終わった。義輝は三好長慶に大敗し、またもや近江国に追い落とされてしまったのだ（『言継卿記』天文二十二年八月一日・五日条）。

これ以降、義輝は五年もの長きにわたり、近江国朽木《くつき》（滋賀県高島市）の山奥で亡命生活を強《し》いられた。長期間の山奥での生活は、都の生活に慣れた者にとって過酷な環境である。そうしたこともあって、近臣の中には義輝のもとを離れ、帰京してしまう者も少なくなかった。だが、義輝はそのような憂き目にあいながらも、帰京の夢を諦めなかった。

そして永禄《えいろく》元年（一五五八）五月、ついに義輝は三好打倒の兵を挙げ、京都に迫った。その結果、同年十二月に義輝は三好長慶と和解し、ようやく京都に戻ったのであった（『御湯殿上日記《おゆどののうえのにっき》』永禄元年十一月二十七日条、同年十二月三日条ほか）。

二　再び対立する将軍義輝と三好氏

義輝の行動を諫止する松永久秀

さて、義輝はこうして五年ぶりに帰京した。これ以降、義輝と三好氏とは互いに協力しあった。それゆえ、両者の間では大きな波風も立たず、平穏であった。とはいえ、時には衝突も起きた。たとえば、永禄五年（一五六二）三月に次のような出来事があった。

義輝の重臣に伊勢貞孝《いせさだたか》（?〜一五六二）という者がいた。彼は将軍家の「政所頭人《まんどころとうにん》」という地位にあった。この地位は、京都内外で生起した、金銭の貸し借りや土地の売買をめぐるトラブルなどを将軍に代わって裁き、解決に導く、という重要な役目である（第三章の山田康弘論文を参照）。

そうしたなか、この政所頭人・伊勢貞孝があるトラブルを裁いたところ、問題が生じた。伊勢の裁きによって敗訴となった者が「この裁きは不正だ」と不満を抱き、義輝に「善処してほしい」と泣きついてきたのだ。

これを受け、義輝は伊勢貞孝の裁きを調査しようとした。すると、これに「待った」をかけた者があった。それが、三好氏の重臣・松永久秀《まつながひさひで》（一五一〇〜七七）であった。

じつは、伊勢貞孝と三好一門とは親しい関係にあった。そこで、松永久秀は「義輝が伊勢の裁きに口を出そうとしている」ことを知り、義輝に「待った」をかけたのだ。そのうえで松永は、義輝に対して「そのようなことをすると伊勢の面目が失われてしまう。おやめください」と述べ、義輝の行動を諫止《かんし》しようとした。

しかし、義輝は松永の諫言《かんげん》を知って激怒し、次のように言い放った。「伊勢貞孝の裁きに不正の可能性がある以上、調査してなにが悪いのか」と。だが、松永はなおも義輝を止めようとした。その結果、義輝はますます怒り、ついに松永に「勝手にせよ」と荒々《あらあら》しく言い放ったというのだ（『蜷川家《にながわけ》文書』七七四号）。

義輝を警戒しはじめる三好一門

このように、義輝と三好との間では時に衝突も起きた。とはいえ、双方は表面的におおむね平穏だった。だが、そうした関係も三好一門が不幸に見舞われることで、次第に変化の兆しがあらわれてきた。

これまで三好氏を支えてきたのは、三好氏当主・長慶とその弟たちであった（201頁の三好氏略系図を参照）。それが全員、短時日のうちに次々と死没していったのだ。

まずは永禄四年（一五六一）に長慶の弟、十河一存《そごうかずまさ》（?～一五六一）が死没した。次いで翌年の永禄五年（一五六二）三月には、長慶弟である三好実休《じっきゅう》入道（一五二七?～六二）が戦死した。さらに翌年の永禄六年（一五六三）八月、長慶にとって唯一の男子であった嫡男・三好義興《よしおき》（一五四二～六三）が若くして病没してしまった。そのうえ、永禄七年（一五六四）五月には、今度は長慶弟の安宅冬康《あたぎふゆやす》（?～一五六四）が長慶の手によって殺害された。そしてついに同じ年の七月には、三好長慶自身も病没してしまったのだ。

このように三好一門は、永禄四年（一五六一）からたった三年間で、これまで一門を支えていた主要人物のすべてを失った。長慶の没後は、その甥《おい》にあたる三好義継が三好氏の当主となったが、主要人物の死によって隆盛を極めていた三好の勢力には陰りが見え始めていった。

こうしたなかで、三好一門は将軍義輝に対する警戒心を高めていった。

たとえば永禄六年（一五六三）三月、三好の重臣・松永久秀が、義輝の娘を人質として奪っている（『言継卿記』永禄六年三月十九日条）。この出来事は、三好一門が義輝をいかに警戒していたかを示す好例といえよう。三好は義輝から人質を取ることによって、義輝を牽制《けんせい》しようとしたのだ。

そしてついに永禄八年（一五六五）五月十九日、三好氏（三好義継）による義輝殺害という大事件が起きる。いったい、何が三好氏を将軍殺害という蛮行へと奔《はし》らせたのであろうか。

三　義輝の殺害理由をめぐる二つの説

真っ向から対立する学説

三好はなぜ将軍義輝を殺害したのだろうか。

現在、この点に関しては大きく分けて二つの説が出されている。すなわち、一つは「三好は義輝を殺害し、新たな将軍の擁立を狙っていた」という説であり、もう一つは「三好は義輝の殺害は考えていなかった」という説である。真っ向から対立する二つの説を、それぞれ簡単に紹介しよう。

①「義輝を殺害し、新しい将軍を立てようとした」説

すでに述べたように三好氏は、主柱であった三好長慶をはじめ一門の有力者を次々と失い、勢力を衰微させせつつあった。

その一方で将軍義輝のほうは、各地における大名間抗争に積極的に介入するなど、着々と将軍としての存在感を内外に示していた（第六章の浅野友輔論文を参照）。しかも義輝は、先にふれた松永久秀に対する態度（諫言する松永に対し、荒々しく反発した）からも知られるように、三好のたんなる傀儡《かいらい》ではなかった。

それゆえ、三好にとって義輝の存在は次第に脅威になっていった。そこで、ついに三好は義輝を殺害し、新将軍（十四代将軍）として足利義栄《よしひで》（義輝の従兄弟。三好がその本拠地・阿波国で保護していた）を擁立するに至った（14頁の足利将軍家系図を参照）――①の説はこうした見方である（山田：二〇〇二）。

なお、「三好は義輝殺害後、義栄ではなく、足利義昭《よしあき》（一五三七〜九七。義輝の弟、のちの十五代将軍）を擁立しようとしていた」という説もある。というのは、三好氏の重臣・松永久秀が義輝の殺害直後、いち早く義昭を保護していたからである（『円満院《えんまんいん》文書』『戦国遺文《いぶん》三好編』一一五三号）。

三好は、これまで阿波の足利義栄を擁立する機会を何度か持ったが、結局これを実行しなかった。

そうした三好の姿勢から考えて、三好には義栄擁立に関心はなく、むしろ将軍の弟・義昭のほうを擁立しようとしていたのではないか、というのだ（天野：二〇一四）。

②「義輝殺害が目的ではなかった」説

三好は永禄八年（一五六五）五月十九日、義輝の住む将軍御所を大軍で包囲し、ついに義輝を殺害してしまった。ところで、このような「家臣が大軍で将軍御所を包囲する」という行為は、これまでも時々見られた現象だった。

すなわち、室町時代では「大名たちが将軍御所を軍勢で取り囲み、将軍に対して異議申し立てを行う」ことがしばしばなされていたのだ。ちなみに、こういった大名たちの行為を「御所巻《ごしょまき》」といった。たとえば、応仁《おうにん》の乱《らん》（一四六七〜七七年）が起こる前年の文正《ぶんしょう》元年（一四六六）、大名たちが当時将軍だった八代将軍・義政《よしまさ》（一四三六〜九〇）の悪政に怒り、将軍御所を大軍で取り囲む、という事件が起きている。この時、大名たちは将軍御所を包囲し、専横《せんおう》を極めた将軍側近の排除を義政に求めてこれを実現させたのだ。

したがって、三好も義輝殺害が目的だったわけではなく、将軍御所を包囲して義輝に要求をのませることが目的だったのではないか——こういった説が出されているのだ。いわば「御所巻」説である（清水：二〇〇四、柴：二〇一六）。

では、もしそうだとして、三好は何を義輝に要求していたのだろうか。

冒頭に挙げたように、「三好による将軍御所包囲は、足利義栄を上洛させるためだった」という見方が当時から広く見られた。また、三好はこのあと実際に義栄を新将軍（十四代将軍）として立てており、そうしたことを考えれば、三好が将軍御所を包囲して義輝に強要しようとしたのは、同氏が本国・阿波国で保護していた足利義栄の登用であった、という可能性がまずは指摘できるだろう（山田：二〇一七）。

もう一つは、義輝に反三好の側近たちを排除するよう求めるものだった、という可能性である。というのは、このころ京都周辺で活躍していたキリスト教の宣教師ルイス・フロイス（一五三二～九七）の書状によれば、三好は義輝周辺に侍坐《じざ》する側近たちの排除を目指していた、とあるからである（一五六五年六月十九日付「都発信ルイス・フロイス師の豊後《ぶんご》の司祭および修道士宛の書簡」、松田毅一監訳『十六・七世紀イエズス会日本報告集』第Ⅲ期第2集所収、京都外国語大学付属図書館本「エーヴォラ版日本書簡集」）。

しかし、義輝はこういった三好の要求を拒否した。その結果、ついに殺害されてしまった、というわけである。

おわりに――義輝殺害の真相は何か

さて、三好が義輝殺害事件を起こした目的・理由などについて、現在の研究では大きく分けて二つの説があることを紹介してきた。

最近では「御所巻」説が注目を浴びている。だが、この説が正しいとすると、三好の目的は将軍殺害ではなく、側近の排除だったことになるわけだが、実際には三好は将軍を殺害してしまった。いったい、なぜ三好は慎重に事を運ぶことができずに、側近もろとも将軍を巻き込んだ戦闘を行い、ついに将軍まで殺害してしまったのだろうか。この点は最後まで疑問として残るだろう。

結局、真相はなお明確ではない。謎のままなのだ。

ただし、ひとつ明確なことは、三好は将軍義輝を殺害したのち、阿波にいた足利義栄を新将軍として迎えたことである。つまり、三好は足利将軍家を否定したり、自らが将軍になったりはしなかったのだ。三好は義輝を殺害したあとも、「足利将軍を擁立する」というスタンスを捨て去ることはなかったわけである。

【主要参考文献】

天野忠幸『三好長慶―諸人之を仰ぐこと北斗泰山―』（ミネルヴァ書房、二〇一四）

木下昌規「総論　足利義輝政権の研究」（木下昌規編著『足利義輝』所収、戎光祥出版、二〇一八）
柴裕之「永禄の政変の一様相」（『戦国史研究』七二号、二〇一六）
清水克行「『御所巻』考―異議申し立ての法慣習―」（『室町社会の騒擾《そうじょう》と秩序』所収、吉川弘文館、二〇〇四）
山田康弘「将軍義輝殺害事件に関する一考察」（『戦国史研究』四三号、二〇〇二）
同「第十三代足利義輝」（榎原雅治・清水克行編『室町幕府将軍列伝』所収、戎光祥出版、二〇一七）

【さらに詳しく学びたい読者へ】

足利義輝がなぜ殺害されたのか、その要因となる二つの説を今回紹介した。さらに各説の詳しい裏づけを学びたい方には、「主要参考文献」でも挙げた論文を含む左記三点を紹介する。

①山田康弘「将軍義輝殺害事件に関する一考察」（『戦国史研究』四三号、二〇〇二）
②清水克行「『御所巻』考―異議申し立ての法慣習―」（『室町社会の騒擾《そうじょう》と秩序』所収、吉川弘文館、二〇〇四）
③柴裕之「永禄の政変の一様相」（『戦国史研究』七二号、二〇一六）

①は、義輝殺害事件の要因について、三好氏の将軍擁立体制にともなう限界（ジレンマ）と「二つの将

軍」（義澄系足利氏・義稙系足利氏）問題解消の二点を指摘する。
②は、室町時代の法慣習である「御所巻」に類する事例を挙げ、どのような時にどのような形で行われたのかを検討している。その一つの事例として義輝殺害事件を取り上げる。
③は、義輝殺害事件同年のルイス・フロイスの書簡から「御所巻」を行った三好氏の理由として、将軍側近層の排除を目的とすることに言及する。興味のある方はぜひ一読されたい。

〈第十章〉

【〝幕府滅亡〟の真相】

足利義昭と織田信長の微妙な関係とは?

木下　昌規

はじめに――最新研究で変わった義昭像

永禄《えいろく》八年（一五六五）五月十九日、十三代将軍・足利義輝《よしてる》（一五三六～六五）は、三好《みよし》・松永《まつなが》氏らによって京都の将軍御所で殺害された（永禄の変）。

この事件によって足利将軍家はいったん中絶する。しかし、この直後に義輝の弟・足利義昭《よしあき》（一五三七～九七）と従兄弟《いとこ》である足利義栄《よしひで》（一五三八?～六八）の二人が将軍候補者となり、将軍職をめぐって争った。義栄は永禄十一年（一五六八）二月に十四代将軍に就任したものの、同年十月、義昭が織田信長《おだのぶなが》（一五三四～八二）の支援のもと上洛《じょうらく》を果たした。そして、義昭は最後の足利将軍となる十五代将軍に就任し、将軍家が再興された。

さて、こうして将軍となった義昭については、これまで「信長の傀儡《かいらい》（＝あやつり人形）にすぎなかった」と評価されてきた。しかし近年、戦国期の足利将軍・室町幕府研究が進むなかで、「義昭は信長の傀儡だったわけではなく、将軍としてそれなりに実権を有していた」ということが次第に明らかになってきた。

著者も以前、『信長研究の最前線』（洋泉社歴史新書y、二〇一四）の中で、義昭と信長との関係についてまとめたことがある（同書所収「信長は、将軍足利義昭を操っていたのか」）。ただ、それから五年以上が経過し、さらに研究が進んだことで、義昭と信長との関係についてはさまざまな新視点が明らかになってきた。そこで本稿では、こうした最新研究をふまえながら、義昭と信長の関係についてあらためて述べていきたい。

一　義昭はどのようにして上洛し、将軍となったのか

「幻の上洛計画」とは何か

義昭は、兄・義輝が殺害されてから二カ月ほど経《た》った永禄八年（一五六五）七月、当時起居していた奈良を脱出し（義昭は奈良・興福寺《こうふくじ》で僧侶をしていた）、近江国《おうみのくに》（滋賀県）に移った。そして、ここか

ら各地の大名たちに書状や使者を遣わし、自身の上洛・将軍就任に協力するようにと求めた。

義昭がとくに支援を期待していたのは、尾張国《おわりのくに》（愛知県北西部）の大名・織田信長であった。というのは、信長は「きちんと義昭の上洛を支援する」と義昭に申し出ていたからである。

しかし、信長は当時、隣国・美濃国《みののくに》（岐阜県南部）の大名である斎藤氏《さいとう》（斎藤龍興《たつおき》。一五四八〜七三）と抗争しており、義昭を十分に支援できる状況ではなかった。そこで、義昭は信長と斎藤氏との和睦《わぼく》を周旋し、永禄九年（一五六六）三月ごろについに和睦を成立させた。

この結果、信長の支援による「義昭上洛計画」が実行されるかに思われた。ところが、この計画は中途で頓挫《とんざ》してしまった。それは、信長が斎藤氏との和睦を破棄し、再び同氏との戦いを始めてしまったからである。おそらく信長は「北隣に宿敵・斎藤氏がいるかぎり、領国をカラにして上洛することはできない」と考えたのだろう。

しかしその結果、「義昭が信長の支援を受けて上洛する」という計画は、幻になってしまった（村井：二〇一四）。

さて、義昭はこうしたこともあって近江国にいられなくなり、永禄九年（一五六六）八月末に近江を脱出し、越前国《えちぜんのくに》（福井県北東部）に向かった。同国を領する戦国大名・朝倉義景《あさくらよしかげ》（一五三三〜七三）を頼ったのである。

ついに上洛を果たす

義昭は越前に移座したが、彼は「上洛して将軍になる」夢を諦めていたわけではなかった。義昭が朝倉氏を頼ったのも、朝倉氏の領国・越前国が地理的に京都に近いこと、また、朝倉氏が義昭の父・十二代将軍・義晴《よしはる》（在位一五二一〜四六年）の時代から、将軍家を支援していた有力大名の一人だったからだろう。義昭は朝倉氏に期待していたのだ。

しかし、その期待とは裏腹に、朝倉氏の当主・義景は、なかなか義昭の上洛に動こうとはしなかった。そうしたなかで永禄十一年（一五六八）二月八日、義昭とは対立関係にあった従兄弟の足利義栄が、ひと足先に将軍（第十四代将軍）に就任してしまった。義昭はこれを知り、きっと焦燥《しょうそう》感を禁じえなかっただろう。

一方、そのころ（永禄十年〔一五六七〕夏ごろ）信長は、斎藤氏を滅ぼして美濃国を制圧し、ようやく上洛できる態勢をととのえていった。

そこで、信長は永禄十一年（一五六八）七月、越前にいた義昭に「上洛を支援したい」と再び申し出た。これを知った義昭は大いに喜び、すぐさま越前を離れて信長のもとに下った。そしてこの直後、義昭は信長とともに上洛戦を開始した。

この戦いは義昭の目論見《もくろみ》どおりに順調に進み、京都・畿内《きない》はたちまち義昭・信長の支配下に入った。その結果、義昭はついに念願だった十五代将軍に就任することになる。時に永禄十一年十月十八日のことであった（ちなみに、十四代将軍・義栄はこの直後に病没したといわれる）。

二　上洛後、義昭と信長はいかなる関係にあったのか

研究成果をふまえて

こうして義昭は将軍となった。一方、信長は上洛後、義昭を支える立場となった。では、これ以降の義昭と信長との関係はどのようなものだったのだろうか。上洛後の両者の関係については、近年の研究で実態解明が進んだ。そこで、ここ数年間の研究成果もふまえながら、二人の関係について述べていこう。

「天下」とは何か

まず、義昭と信長の関係を見ていくうえで注目されるのは、「天下《てんか》」という言葉である。よく知られているように、信長はこの「天下」という言葉を多用した。

信長が大名たちに送った書状には「天下のために……」といった表現がしばしば見られるし、上洛直前の永禄十年（一五六八）の後半くらいからは「天下布武《てんかふぶ》」という文字を刻印した印判《いんばん》（＝ハンコ）

を使用してもいた。では、この「天下」とはいったい、どのような意味をもつのだろうか。
「天下」とは、「日本列島全体」を指すものと考えられがちである。もしそういった意味ならば、信長の「天下布武」の印判は、「自ら日本列島全体に武を布《し》きたい」という希望を示唆したもの、ということになろう。

実際、かつてはそのように考える研究者も多かった。すなわち、「信長はすでに上洛前から、日本列島全体を武力で制覇し、足利将軍に代わる新政権を創業することを目指していた。だから「天下布武」という印判を使っていた」とされたのだ。そしてこの見方は、「革命者」という現代における信長のイメージにもピタリと符合することから、長いあいだ定説とされてきた。

しかし、その後研究が進み、この「天下」という言葉は、戦国期では（「日本列島全体」という意味もあったが）畿内、とりわけ京都を主として指す言葉であった、ということが指摘されるようになった（神田：二〇一四）。そしてそれにともない、「天下布武」についても、日本列島全体ではなく「京都、およびその周辺である畿内に武を布きたい」という意味であったとする考えが有力になっている。

つまり、信長は日本列島全体の武力制覇ではなく、「京都・畿内を制覇したい」と当初は考えていた――これが「天下布武」の意味だった、というわけである。

互いに補完し合う関係

さて、上洛後における義昭と信長の関係はいかなるものだったのか。これを一言で表現すれば、「互いに補完し合っていた」ということであった（山田：二〇一九、久野：二〇一七）。

すなわち、信長は義昭に対して軍事・警察力などを提供した。義昭にとって信長の武力は大いなるメリットをもたらすものであった。

たとえば、義昭は信長の軍事力を使って京都に攻め上り、ついに念願の将軍位を手にしたのだ。義昭にも直属軍があったが、それは二千人程度でしかなかった。したがって、もし信長の武力がなければ、義昭は将軍にはなれなかっただろう。

一方、義昭のほうは信長に対し、「正当性」の根拠を提供したり、信長が他大名とさまざまな外交交渉を行う「きっかけ」を提供したりした。

たとえば、信長は永禄十一年（一五六八）に京都に攻め上った際、義昭を奉じ、上洛戦を「義昭のための戦いだ」と称した。また、信長は元亀《げんき》元年（一五七〇）四月に越前の朝倉氏を征伐すべく軍旅《ぐんりょ》を発した際にも、この戦いは信長の私戦ではなく「義昭の上意を受けての戦いだ」と称していた。すなわち、信長は自分の行動を「正当化」する根拠として義昭を持ち出していたわけである。

また、信長は元亀元年九月以降、周囲を強敵（朝倉氏や浅井《あざい》氏、大坂本願寺や三好《みよし》三人衆、六角《ろっかく》氏ら）に包囲されピンチに直面した。そこで、信長はこれら強敵たちとなんとか和睦しようとした。その際、義昭が信長のために一肌脱いでいた。すなわち、義昭はかつて二年ほど、朝倉氏のもとにあってその庇護《ひご》を受けていたことから、朝倉氏とはコネがあった。そこで、義昭は信長と朝倉との間を取りもち、それによって信長に、朝倉と和睦交渉を始める「きっかけ」を提供したのである（山田：二〇一九）。

このように、信長は義昭を利用し、義昭もまた信長を利用していた。つまり、この二人は互いに利用し、補完し合っていたわけである。

したがって、信長のほうが義昭に対して一方的に優位に立つ、などということはなかった。たとえば、永禄十三年（一五七〇）正月、信長は義昭の行動に不満を持ち、五カ条にわたる要求を突き付けたが、義昭にほとんどすべて無視されてしまった。信長は義昭を自由にコントロールすることはできなかったのだ。よくいわれるような「義昭は信長の傀儡にすぎなかった」という説は誤りである。

もちろん、義昭もまた信長を自由に制御することはできなかった。そしてこうした関係が、その後の二人を対立に向かわせてしまうことになる。

義昭と信長は「君臣関係」にあったのか

義昭と信長との関係を見るうえで注目されるのは、義昭が信長にさまざまな栄典（＝役職・家格）を与えようとしたこと、そして信長がそれを謝絶してしまった、ということだろう。なぜならば、信長の「栄典謝絶」という行為は、上洛後における彼の「立ち位置」を考えるうえでも重要な指標になりうるからである。

義昭は上洛して将軍になると、功績のある信長に「副将軍」や「管領《かんれい》（＝将軍家重臣筆頭の地位）」のポストを与えようとした。しかし、信長はこれをすべて謝絶してしまった。その結果、信長は義昭を支える立場にありながら、なんら将軍家の役職や称号を帯びない状態になった。これは、これまでの歴史を考えればかなり異様であった。

というのは、信長の登場以前に将軍を支えてきた有力大名たち――たとえば細川氏や三好氏は、その時々の将軍から「御供衆《おともしゅう》」や「御相伴衆《おしょうばんしゅう》」といった称号をもらい受けていたからである。

なぜ信長は栄典を謝絶してしまったのだろうか。

よくいわれるのは「信長は義昭の家臣になったわけではない」ということを示そうとした、ということだろう。そしてここから「信長は義昭を将軍として擁立したが、その立場は義昭の家臣ではなく、義昭を頂点とする体制からはずれた、いわば独自の存在だった」とする見方が出されてきた。しかし、そうなのだろうか。

この当時の常識に照らして考えれば、義昭と信長との関係は君臣の関係である。もとより、義昭が主君で信長は家臣である。この二人が「対等」などということは、まずありえない。それは、信長が栄典を受けようが拒否しようが変わらない。信長自身も（本心はさておき）義昭との関係を「君臣」の間柄だと表明していた（山田：二〇一九）。

また、信長は義昭から褒賞《ほうしょう》として将軍家の家紋（桐《きり》の紋）を与えられ、これを受け取っていた（信長の肖像画にはこの桐紋が描かれている）。通常、有力者からその家紋をもらうということは、その有力者を主君として認め、これに臣従したことを意味する。とすれば、信長もまた義昭を主君としてあおぎ、これに臣従していたといえよう。

以上のように考えるならば、信長が「義昭を頂点とする体制からはずれた、いわば独自の存在だった」などとはいえない。「体制」の定義にもよるが、信長はあくまで「体制内に属する立場にあった」と考えるべきであろう。

三　決裂する義昭と信長

義昭はなぜ挙兵したのか

元亀三年（一五七二）十月、甲斐国《かいのくに》（山梨県）などを領する大大名・武田信玄《たけだしんげん》（一五二一～七三）が徳川家康《とくがわいえやす》（一五四二～一六一六）の領国に侵攻した。すると、信長はこれを知ってたちまち激怒した。徳川は信長にとって大事な同盟者だったからだ。

そこで、信長はただちに武田に宣戦を布告し、徳川や上杉謙信《うえすぎけんしん》（武田信玄のライバルで越後国《えちごのくに》（新潟県）などの大名。一五三〇〜七八）と連携して武田に対峙《たいじ》した。一方、武田信玄は畿内近国の反信長大名たちと手を組んで西進し、ついに遠江国《とおとうみのくに》・三方原《みかたがはら》（静岡県浜松市）で徳川・織田連合軍と戦ってこれを打ち破った。元亀三年十二月のことである。信長はこれによって苦境に立たされた。

すると、この直後の元亀四年（一五七三）二月、義昭が京都で反信長の兵を挙げた。これまで義昭は上洛以降、五年余りにわたって信長と協調し、互いに補完し合ってきたが、ここで信長と袂《たもと》を分かち、武田信玄ら反信長派に「鞍替《くらが》え」したわけである。

義昭がこのような決断をした背景には、信長との関係が悪化していたことがあるだろう。先にも述べたように、永禄十三年（一五七〇）に信長は義昭に五カ条に及ぶ要求を突き付け、不満を示していた。また、三方原の戦いで信長方が敗北したことも、きっと関係していよう。さらに、このころの京都・畿内周辺は、反信長を標榜《ひょうぼう》する大名たちが多かったことや、義昭側近の中に数多くいた反信長派の人びとの動向も関係していたにちがいない（久野：二〇一七）。

地方に落ち延びる義昭

さて、信長は義昭の造反（元亀四年〔一五七三〕二月）を知ると、侍臣《じしん》を義昭のもとに急派し、反信長派への鞍替えを翻意してくれるようにと願い出た。しかし、同時に信長は別の手も打っていた。世間に対し、「信長が悪いのではない。義昭のほうが悪主《あくしゅ》だったのだ」ということをさかんに喧伝《けんでん》したのだ。近しい大名たちにも「信長は君臣の節義を守っていたのに、義昭がこれに違背《いはい》した」などと述べていた。

義昭の「悪行」が記された「十七カ条の意見書」（信長が義昭に突き付けたという意見書。十七カ条にわたり、義昭がいかに将軍として不適格であるかが書き連ねられている）が、信長側によって世間に公表されたのも、このころである。信長はこうすることによって、「義昭＝悪主」説を流布せしめ、自分に有利に事を進めようとしたのだろう（山田：二〇一九）。

こうしたなかで、義昭にとって衝撃的な事件が起きた。武田信玄が死んだのだ。元亀四年（一五七三）四月のことであったという。

これを知った信長は、ただちに反撃に打って出た。すなわち、大軍を率いて京都に乗り込み、義昭に降伏を迫ったのだ。この結果、義昭は信長に降《くだ》った。しかしこの直後、義昭はまた信長に反旗を翻した。すなわち、京都の将軍御所を脱出し、近臣の居城である真木島《まきしま》城（京都府宇治市）に立て籠ったのだ。

しかし、たちまち信長の大軍に包囲され、ついに信長に再び降参した。そして、義昭は二歳になる嫡男を人質として信長に差し出し（第十一章の小川雄論文を参照）、京都から地方に落ち延びていった。

依然として強気だった義昭

このあと、義昭は長い放浪生活に入っていく。一般的にはこの「義昭の京都追放」が、「室町幕府の滅亡」とされる。しかし、信長は当初、義昭と絶交するつもりはなかったようだ。というのは、信長はこのあとも義昭と和睦しようとしていたからである。

すなわち信長は、家臣の羽柴秀吉《はしばひでよし》（のちの豊臣秀吉。一五三七〜九八）を義昭のもとに派遣し、義昭と和睦交渉を行おうとしていたのだ。ここからは、信長が義昭と再び協調し合うことを望んでいた、ということが知られよう。でも、なぜだろうか。

ここで注目されるのは、「信長の性格は、世間の評判を気にするものであった」という見方である（神田：二〇一四）。とすれば、信長が義昭との和睦を進めたのは、「将軍と敵対する立場になることで、世間より逆臣と見なされることを気にしていた」ためだったと考えることもできよう。

さて、こうして信長は義昭との仲直りを望み、秀吉に命じて義昭方と和睦交渉を進めた。この交渉次第では、義昭が再び京都に戻る可能性は十分にあった。しかし、結局そうはならなかった。というのはこの交渉の際、義昭が「信長方より人質をもらいたい」と強硬に要求したからである。これは秀吉を激怒させた。そして、秀吉は和睦交渉を途中で打ち切ってしまった（『吉川《きっかわ》家文書』六一〇号）。

義昭が交渉の際、なぜ信長に人質を求めたのか、その理由は判然としない。この時点ではすでに義昭の与党だった朝倉氏や浅井氏は滅び、武田信玄もまたすでに没していた。つまり、義昭は信長に対し、圧倒的に劣勢であったのだ。とはいえ、義昭に近しい大坂本願寺などの勢力はまだ残存していた。そうしたことから、義昭はやや強気になったのだろうか。しかし、義昭の態度は秀吉を怒らせ、信長との和睦交渉を決裂させてしまった。

この結果、義昭は京都に戻ることができず、各地を転々とした。そして結局、二度と将軍として帰京することはなかった。

一方、信長は義昭から人質として奪った若君を保護していたが、この若君を将軍として擁立することはなかった。すなわち信長は、足利将軍を立てない独自の政権樹立に向けて走り出していくのだ。

おわりに――「協調関係」だが「友好関係」にあらず

義昭と信長との関係について、この数年間の新しい研究成果をふまえて述べてきた。両者の関係は永禄九年（一五六六）の上洛作戦より始まり、以後、協調し合いながら継続した。

しかし、元亀四年（一五七三）初頭、義昭が信長打倒の兵を挙げたことにより、二人の関係はついに破綻した。信長はそれでもギリギリまで義昭との関係の修復・継続を望んだ。だが、義昭はそれを受け入れることはなかった。こうした経緯を考えたならば、この二人の関係は「協調関係」であっても「友好関係ではなかった」といってよかろう。

【主要参考文献】

神田千里『織田信長』（ちくま新書、二〇一四）
久野雅司『足利義昭と織田信長─傀儡政権の虚像─』（戎光祥出版、二〇一七）
木下昌規『戦国期足利将軍家の権力構造』（岩田書院、二〇一四）
水野嶺「幕府儀礼にみる織田信長」（『日本史研究』六七六、二〇一八）
村井祐樹「幻の信長上洛作戦─出せなかった書状・新出「米田文書」の紹介をかねて─」（『古文書研究』七八、二〇一四）
山田康弘『足利義輝・義昭─天下諸侍、御主に候』（ミネルヴァ書房、二〇一九）

【さらに詳しく学びたい読者へ】

足利義昭と織田信長との関係をめぐる学術論文・専門書は、本文でも述べたように、この近年で急増している。そのため、参考文献以外で義昭の人物像を学びたい人向けに三冊を挙げる。

①藤田達生『証言　本能寺の変─史料で読む戦国史─』（八木書店、二〇一〇）
②久野雅司編著『足利義昭』（戎光祥出版、二〇一四）
③同『織田信長政権の権力構造』（戎光祥出版、二〇一九）

①は、天正元年（一五七三）以降の義昭の位置づけに再考を迫った一冊で、備後国《びんごのくに》・鞆《とも》（広島県福山市）に移った義昭と、その周囲を「鞆幕府」という一つの権力体として評価したもの。
②は、編著者の久野氏が③に先立ち、複数の研究者による義昭研究をまとめたもので、総論を含めて義昭研究の入門として活用できる。
③は、義昭と信長の関係を「傀儡」とするこれまでの評価の見直しを進め、義昭が実権力を持った将軍であることを論証した研究成果をまとめた重要な一冊。

〈第十一章〉
【将軍家の子孫】

江戸時代に生きた足利将軍の末裔

小川　雄

はじめに――「平島足利家」と「喜連川足利家」

慶長《けいちょう》二年（一五九七）八月、最後の足利将軍・義昭《よしあき》（十五代。一五三七～九七）が六十一歳で死んだ。一般に、この義昭の死をもって「足利将軍家は滅亡した」とされている。しかし、義昭の死によって足利血胤《けついん》の者がすべていなくなった、というわけではない。

じつは、義昭には男子がいた。また、分家にあたる足利家――「平島《ひらしま》足利家」と「喜連川《きつれがわ》足利家」が生き残り、江戸時代においても存続していたのだ。

では、義昭の子息はどうなったのだろうか。また、平島と喜連川の両足利家は江戸時代に、どのような歴史を歩んだのだろうか。本稿では、この点を関連する研究をもとに論じていこう。

一　最後の将軍・義昭の子息はどうなったのか

信長の人質となった二歳の男子

最後の将軍・義昭には男子がいた。この男子は元亀《げんき》三年（一五七二）八月十五日に京都で生まれ（『兼見卿記《かねみきょうき》』同日条）、その後僧侶になって「義尋《ぎじん》」と称した。そこで、本稿でも彼のことを義尋と呼んでおこう（233頁の平島足利家系図を参照）。

義尋（一五七二〜一六〇五）は順調にいけば、父・義昭の跡を継いで十六代の足利将軍になるはずだった。しかし、そうはならなかった。というのは、父・義昭が織田信長《おだのぶなが》（一五三四〜八二）と対立してしまったからだ。

義尋が生まれたころ、父の義昭は信長と提携関係にあった。義昭にとって信長は支柱ともいうべき存在だった。そもそも、義昭が永禄《えいろく》十一年（一五六八）十月に悲願だった将軍に就くことができたのも、信長の力によるところが大きかったのだ。

ところが、義昭は次第に信長と対立していく。そして元亀四年（天正《てんしょう》元年〔一五七三〕）、ついに義昭は信長打倒の兵を挙げた。だが、義昭は信長に大敗した。それゆえ、義昭はやむなく、まだ二歳だった子息の義尋を人質に差し出すことを条件に、信長に命ごいをした。

信長はこれを受け入れ、義昭を京都から追放した。そして、そのあと信長は義尋を受け取り、手元に置いて養育した。

ところで、信長はこの義尋をどうするつもりだったのだろうか。「信長は足利将軍家を滅ぼそうとは考えておらず、いずれ義尋を十六代の足利将軍に擁立するつもりだった」という説もある。しかし結局、信長が義尋を将軍に立てることはなかった。

僧侶となり奈良の大寺・興福寺へ

さてその後、十年以上の月日が流れた。その間、義尋の周辺ではいろいろなことがあった。

父の義昭は信長によって京都を追放されたあと、信長を討つべく奮戦した。だが結局、信長に次第に追い詰められていった。ところが、その信長が天正十年（一五八二）六月、あっけなく横死してしまった。いわゆる「本能寺《ほんのうじ》の変《へん》」である。そしてこの信長の死は、義尋やその父・義昭に幸運をもたらした。

信長の死後、羽柴秀吉《はしばひでよし》（豊臣《とよとみ》秀吉。一五三七〜九八）が台頭し、信長に代わる「天下人《てんかびと》」になっていった。すると、義昭は秀吉に近づいた。それゆえ、秀吉は義昭を評価したのだろう。このあと秀吉は義昭の帰京を許したのだ。その結果、義昭は長かった地方での流寓《るぐう》生活を終え、ようやく帰京することができるようになった。ちなみにこれまで、義昭は西国の有力大名・毛利《もうり》氏の庇護《ひご》を受けつつ、備《びん》後国《ごのくに》（広島県東部）の鞆《とも》や津之郷《つのごう》（いずれも広島県福山市）にいた。

帰京は、天正十五年（一五八七）秋ごろのことである。その後、義昭は秀吉から山城国《やましろのくに》真木島《まきしま》（京都府宇治市）に一万石の所領を与えられた。

一方、この直前に義昭の子息・義尋にも幸運が舞い込んだ。彼は僧侶となり、奈良の興福寺《こうふくじ》の大《だい》乗院《じょういん》に入室することになったのだ（天正十五年〔一五八七〕八月）。その後、義尋は大乗院の門跡《もんぜき》に上り詰める。ちなみに、この興福寺は奈良最大の勢威を誇る大寺である。そして、大乗院はこの興福寺を指導する名門寺院であった。義尋はその頂点に立ったのだ。まさに稀有《けう》な幸運といえよう（山田：二〇一九）。

断絶した足利本家嫡流

しかし、義尋が僧侶になったことは、足利本家（旧将軍家）の存続に重大な問題をもたらした。当主・義昭には、家を継ぐべき男子は義尋しかいなかったからだ。

それが僧侶になってしまうと、足利本家は世継ぎがいなくなり、断絶してしまうことになる。これを防ぐには、義昭が子息の義尋を還俗《げんぞく》（＝僧をやめて俗人に戻ること）させるか、誰かを養子にしなくてはならなかった。

だが、義昭はそのような手続きを取らなかった。おそらく彼は、「足利本家は自分の代で終焉《しゅうえん》とする」と考えていたからだろう。その結果、慶長二年（一五九七）八月に義昭が病没すると、足利本家は後嗣《こうし》なきゆえに断絶した。

とはいえ、足利本家は名門である。これを滅ぼすのは惜しいと考えたのか、このあと義尋は還俗し、男子を二人もうけた。しかし、義尋は程なくして病没し（慶長十年〔一六〇五〕）、二人の男子（義尊《ぎそん》〔一六〇一〜六二〕と常尊《じょうそん》〔一六〇四〜七二〕）も僧侶となって家を継承しなかった。この結果、足利本家嫡流は完全に滅亡するのである。

二　生き残った「平島足利家」の歩み

知られざる「阿波の将軍家」

「平島足利家」とは、十四代将軍・足利義栄《よしひで》（一五三八?〜六八）の弟を祖とする家である。

義栄は永禄十一年（一五六八）二月、当時畿内《きない》を支配していた三好《みよし》三人衆（三好長逸《ながやす》・三好宗渭《そうい》・石成友通《いわなりともみち》。201頁の三好氏略系図を参照）らに擁立され、十四代将軍となった。しかし、義栄はこの直後に織田信長に敗れ、あえなく滅んでしまった（序章の山田康弘論文、「足利義栄」の項を参照）。

ところで、この義栄には弟がいた。その名を足利義助《よしすけ》（一五四一〜九二）という。彼は兄の将軍義栄の滅亡後、阿波国平島《あわのくにひらしま》（徳島県阿南市《あなん》）に屋形を構え、地方豪族として生きた。この義助を祖とする家が「平島足利家」なのだ（系図参照）。

さて、平島のある阿波国は、信長が死んで豊臣（羽柴）秀吉の治世期（十六世紀末）になると、蜂須賀《はちすか》氏が国主として入部した。天正十三年（一五八五）のことである。以後、蜂須賀氏は明治維新に至るまで阿波国主として君臨した。

では、蜂須賀氏は平島足利家をどのように処遇したのだろうか。

平島足利家系図　著者作成。

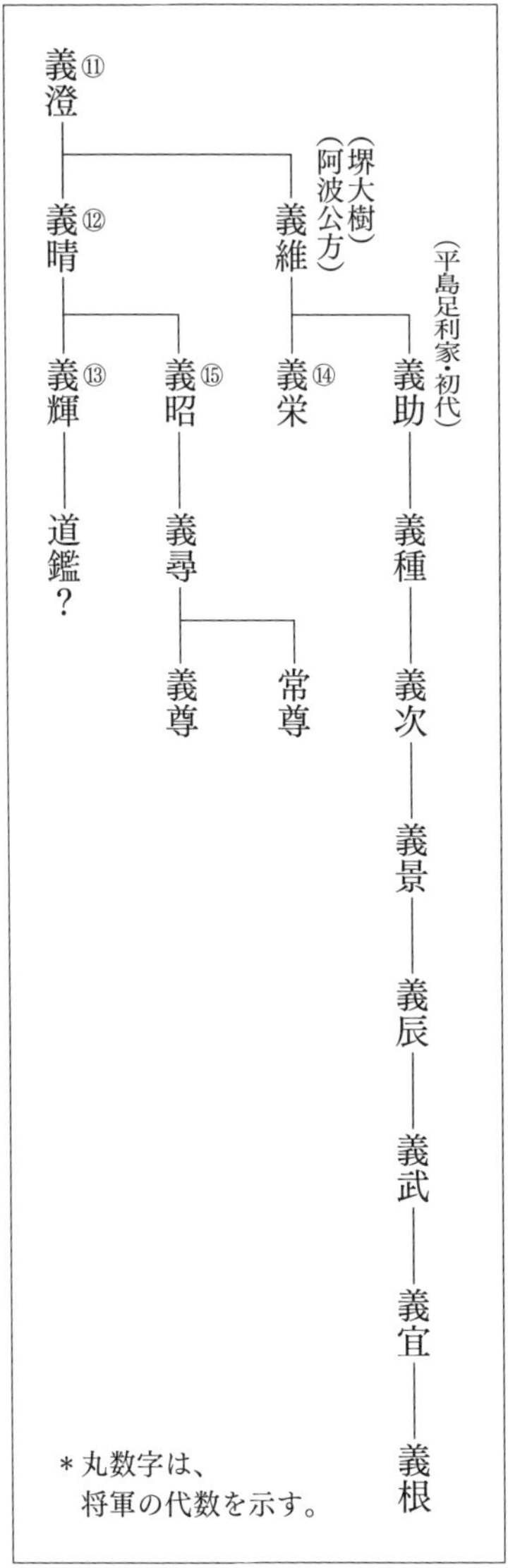

結論からいえば、けっして厚遇したとはいえない。たとえば、蜂須賀氏は平島足利家の旧領を没収し、わずかに百石の所領しか与えなかった。また、平島足利家の当主に「足利」の名字を名乗ることを許さず、居所に由来する「平島」の名字を使用させた。

蜂須賀氏（徳島藩）にとって、平島家は扱いの難しい、厄介な存在だったといえよう。あまりこれを厚遇しすぎれば、阿波国内における国主・蜂須賀氏の絶対性を揺るがしかねないからである。

地元の人びとから「公方」と敬称される

とはいえ、蜂須賀氏は平島家を完全に冷遇したともいえない。

というのは、蜂須賀氏は平島家を臣下とはせず、「客分《きゃくぶん》」という扱いにしたうえ、家臣とは別格な格式をもってこれを遇したからである。また、平島家に対する財政支援も欠かさなかった。さらに、江戸時代の中ごろには蜂須賀氏の財政窮乏にもかかわらず、平島家に大幅な増禄も認めた。

こうしたこともあって、江戸時代の平島家は比較的富裕であった。歴代当主は京都の公家衆と婚姻関係を結び、また、諸学者を平島に招聘《しょうへい》して交流するなど、いわば〝地方の名士〟としてそれなりの生活を享受したようだ。そうしたことから地元でも尊崇され、人びとから「公方《くぼう》」と敬称されていたという。

なお、平島家の歴代当主は、阿波各地の人びとの求めに応じ、「守札《まもりふだ》」を発行していた。この守札は「阿州足利家（阿波足利家）」や「足利家」と墨書されたうえ、「清和源氏之印《せいわげんじのいん》」という朱印が押されたものであり、マムシ除《よ》けなどの効能があったとされる。

こうした守札を人びとの求めに応じて発行していた、という事実からは、平島家が阿波の人びとから尊崇されていただけではなく、信仰の対象にすらなっていた、ということをうかがわせよう（長谷川：二〇〇六）。

家の再興をはかり、京都に移る

さて、以上のように江戸時代の平島（足利）家は、阿波国にあって蜂須賀氏以下、人びとによってそれなりに敬仰《けいぎょう》されていた。しかし、平島家側はそれでも不満があったのだろう。

平島家は、江戸時代後期（十八世紀後半）になって蜂須賀氏にさらなる待遇改善を求め、これに難色を示す蜂須賀氏との間で次第に軋轢《あつれき》を生じさせていった。その結果、文化《ぶんか》二年（一八〇五）、平島家の当主であった平島（足利）義根《よしね》（一七四七〜一八二六）は、二百年以上にわたって暮らしてきた父祖の地・平島をついに退去した。

平島を去った平島家は京都に移った。蜂須賀氏からの俸禄や財政支援を失ったものの、紀伊《きい》徳川氏や足利将軍家所縁《ゆかり》の寺社（相国寺《しょうこくじ》〔京都市上京《かみぎょう》区〕・天龍寺《てんりゅうじ》〔同前・西京《にしきょう》区〕など）に援助され、ともかくも名家の体裁を保ちつづけた。

これ以降、代々の当主は幕末に至るまで、江戸幕府（徳川将軍）の直臣《じきしん》（幕臣）になるべく関係者に働きかけた。しかし、この希望は結局、実現しなかった。その理由は判然としないが、「時期が悪かった」ということがあったのかもしれない。

というのは、文政《ぶんせい》十年（一八二七）に十一代将軍・徳川家斉《いえなり》（一七七三～一八四一）の子息（蜂須賀斉裕《なりひろ》〔一八二一～六八〕）が蜂須賀氏の養嗣子《ようしし》となり、次いで当主になっているからである。さすれば幕府としても、蜂須賀氏と軋轢のあった平島家を幕臣として登用することは憚《はばか》られたのではないだろうか。

とはいえ、京都に移った平島家は「足利」名字の使用を再開し、各方面からの支援者もあって、ともかくも名家の体裁を保ちつづけた。そして平島足利家は「足利将軍の末裔《まつえい》」として、現在に至るまでその血脈を伝えている。

なお、平島足利家が去った阿波の平島屋形跡には、現在、阿南市立阿波公方・民俗資料館が建っており、平島足利家関係資料の蒐集《しゅうしゅう》・展示をしている。また、その近くには同家の菩提寺《ぼだいじ》である西光寺《さいこうじ》があり、平島足利家代々の当主らの墓がある。

三　生き残った「喜連川足利家」の歩み

「鎌倉公方」から「古河公方」へ

「喜連川足利家」というのは、足利基氏《もとうじ》（一三四〇～六七）を祖とする家である。基氏は、初代足利将軍・尊氏（一三〇五～五八）の次男であり、二代将軍・義詮（一三三〇～六七）にとっては実弟にあたった（次頁の系図参照）。

この基氏は、父や兄の意思によって鎌倉（神奈川県鎌倉市）に本拠を据え、京都の足利将軍家に代わって関東や東国を差配《さはい》する役目を与えられた。それゆえ、彼は「鎌倉公方」と称された。以後、基氏の子孫たちも鎌倉公方として関東・東国差配の役目を引き継ぎ、鎌倉公方家は繁栄した。

しかし、次第に京都の将軍家と対立することになり、室町時代中頃の永享《えいきょう》十一年（一四三九）、ついに鎌倉公方家（四代・足利持氏《もちうじ》〔一三九八～一四三九〕）は、いったん将軍家によって滅ぼされてしまった。

だが、その血胤の者（持氏の子・足利成氏《しげうじ》〔?～一四九七〕）が鎌倉公方家を再興し、享徳《きょうとく》の乱《らん》（一四五五～八三年）に際して、下総国《しもうさのくに》古河《こが》（茨城県古河市）に居所を移した。現代の研究者はこの家を「古河公方」家と呼んでいる。これ以降、代々の古河公方は、関東・東国の有力大名たちと巧みに連携し、

喜連川足利家系図 筆者作成。

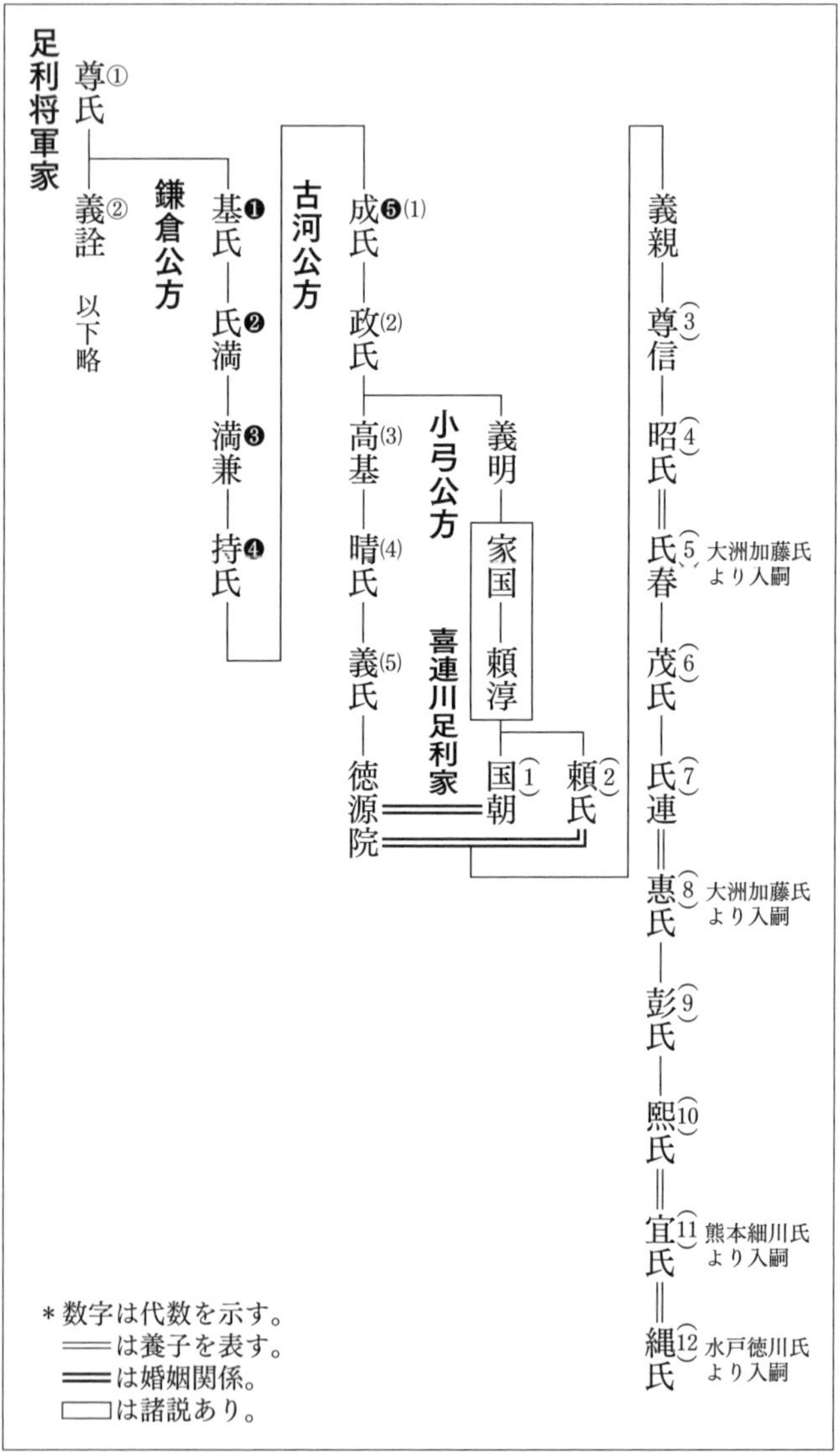

生き残りをはかった。

　これに対し、小田原北条《ほうじょう》氏をはじめとする関東の有力大名たちも、古河公方をさまざまな形で利用・保護した。古河公方は、関東最高の名門として多くの武士からなお敬仰されていたため、大名たちにとって公方は大いに「利用価値」があったのだ。

小田原北条氏から徳川氏へ

　こうしたなかで、豊臣秀吉が天下人になった。そして、天正《てんしょう》十八年（一五九〇）に小田原北条氏を滅ぼした。

　ところで、この小田原北条氏の滅亡は、古河公方家に存続の危機をもたらした。というのは、当時、古河公方家は北条氏を最大のスポンサーとしていたからである（なお、古河公方たちは北条氏から正妻を迎え、その間に生まれた男子を跡継ぎとしていた）。しかし、このとき古河公方家は幸いなことに没落を免れた。それは、秀吉が保護してくれたからである。おそらく秀吉も、関東・東国を差配するにあたり、足利将軍家に連なる古河公方家は利用価値がある、と判断したのだろう。

　さて小田原北条氏の滅亡後、関東の大部分は、徳川家康《とくがわいえやす》（一五四二～一六一六）が秀吉の命によってこれを差配することになり、それにともなって公方家の本拠・古河も徳川氏に収公された。しかし、秀吉はその代わりに下野国《しもつけのくに》喜連川《きつれがわ》（栃木県さくら市）などを古河公方家に所領として与えた。その結果、古河公方家は喜連川を本拠とすることになった。喜連川足利家の誕生である。

「足利」の名字を名乗れず

その後、徳川家康が天下人になり、江戸幕府が成立した。すると、徳川氏（江戸幕府）は喜連川足利家を厚遇した。

たとえば、豊臣政権から与えられた禄高は三千五百石だったが、江戸幕府は四千五百石に増やし、さらに十八世紀後半には五千石に改めている。また、喜連川足利家当主には、これまで代々の古河公方が名乗っていた「右兵衛督《うひょうえのかみ》（または左兵衛督《さひょうえのかみ》）」や「左馬頭《さまのかみ》」の官途名《かんとめい》（これらの官途は、武家社会ではきわめて尊貴とされた）を称することも認めた。

さらに、喜連川足利家の当主が江戸城に登営した際には、将軍への「太刀《たち》目録」の進上を御三家と同等の礼遇で執り行い、大広間での対面も、国持大名と同様の場所（下段中央）に着座することを許されたという。

こうした厚遇ぶりは、先に述べた平島足利家のケースとは大いに異なる。おそらくこれは、喜連川足利家の前身である古河公方が戦国時代末に至るまで、名目的ではあったにせよ「関東の王」として君臨し、諸氏から尊崇を受けていたからだろう。

そこで徳川氏は、こうした古河公方＝喜連川足利家を利用しようと考えたのではないか。すなわち、徳川氏にとって関東は本拠地である。それゆえ徳川氏は、かつての「関東の王」であった喜連川足利家を厚遇し、それによって「徳川の関東支配は、古河公方から正しく譲られたものなのだ」ということを演出しようとしたのではないだろうか。

もっとも、徳川将軍は喜連川足利家を厚遇した、といっても、「足利」の名字を名乗ることは認めなかった。喜連川足利家が、「足利将軍家の末裔」として大名たちからあまりにも尊崇されるようになってしまうと、徳川の絶対性を揺るがしかねない。そこで、徳川は「喜連川」の名字を使うよう仕向けたのだろう。

江戸末期に男系が絶える

さて、その後の喜連川家は、代を重ねて江戸後期に至った。その間、喜連川家では何度か血統の絶える危機に見舞われたが、その都度、分家筋の者を養子にしたり、当主の息女に婿《むこ》を迎える、といった形で血筋を保ってきた。しかし、その血筋もついに途切れる時が来た。

すなわち、江戸時代末期、喜連川家では男子が絶えてしまったのだ。そしてその際、喜連川家では、これまでのように分家の者を当主に立てるのではなく、なんら血縁のない水戸藩主・徳川斉昭《なりあき》（一八〇〇～六〇）の子息（喜連川縄氏《つなうじ》〔一八四四～七四〕。最後の将軍・徳川慶喜《よしのぶ》〔一八三七～一九一三〕の弟にあたる）を養子に迎えた。しかも、その夫人も喜連川家の血縁者とはしなかった（夫人は、幕府老中などを歴任した松前崇広《まつまえたかひろ》〔一八二九〜六六〕の息女〔武子〕)。

おそらく喜連川家では、血筋の保全よりも家の存続・繁栄を優先し、徳川一門(水戸徳川氏)の貴公子を当主に据えることにしたのだろう。

ちなみに、喜連川家は明治期になって「足利」の名字に復した。そして、尊王思想を奉じた徳川斉昭の血縁であるがゆえか、明治政府によって厚遇された。すなわち、当主は華族に列せられ、子爵《ししゃく》の爵位を授与されているのだ。

四 「足利のご落胤」があらわれる

大名・細川氏の客分として厚遇

江戸時代初期、肥後国熊本《ひごのくにくまもと》(熊本県)の大名・細川氏は「足利道鑑《どうかん》」なる人物を客分として迎えた。寛永《かんえい》十四年(一六三四)ごろのことである。いったい、この道鑑とは何者か。以下、『綿考輯録《めんこうしゅうろく》』(細川氏の正史)や「西山家先祖附」(「先祖附」は、細川氏が家臣から提出させた系譜集)によって整理する。

永禄八年(一五六五)、十三代将軍・義輝《よしてる》(一五三六〜六五)は逆臣の三好三人衆などによって弑逆《しいぎゃく》された。義輝には子息がなく、それゆえ彼の血統はここで途絶えたが、じつはこの永禄八年に、義輝に男子が生まれていたというのだ。この男子はその後成長し、讃岐国《さぬきのくに》（香川県）の大名・生駒《いこま》氏の家臣となって「尾池玄蕃《おいけげんば》」と名乗ったという。

この尾池玄蕃が本当に義輝の遺児であったのか、かなり疑わしい。しかし、彼には幸運が舞い込んでくる。すなわち、玄蕃は熊本の細川氏と親交を結ぶようになり、ついに細川氏に招かれて熊本に移り住んだ。そして名前も「足利道鑑」と改め、細川氏の客分として厚遇されたのだ（２３３頁の平島足利家系図を参照）。

このころ、剣豪・宮本武蔵《みやもとむさし》（一五八四～一六四五）も同じ客分として細川氏のもとにあったが、道鑑は細川氏から武蔵よりも上位の客分として処遇されたという。ちなみに、武蔵の養子・宮本伊織《いおり》（一六一二～七八）は豊前国《ぶぜんのくに》小倉《こくら》（福岡県北九州市）の大名・小笠原《おがさわら》氏の重臣となっており、当時の小笠原氏と細川氏とは親戚同士だった。そうしたこともあってか、武蔵は細川氏では厚遇されていたのだが、道鑑はそれ以上の好待遇だったというのだ。いったい、どうしてだろうか。

よく知られているように、近世大名家・細川氏の祖・藤孝《ふじたか》（幽斎《ゆうさい》。一五三四～一六一〇）は足利将軍家の直臣《じきしん》であった。しかし、彼は最後の将軍・足利義昭《よしあき》を見限って織田信長に仕え、それによって栄達の端緒をつかんだ。したがって足利将軍から見れば、藤孝やその子孫たる細川氏は「逆臣」という立場にあったといえよう。

そうしたことから細川氏は、「足利将軍のご落胤《らくいん》」を称する足利道鑑を厚遇し、それによってかつての裏切り行為を「帳消し」にしたうえ、「細川は忠臣である」ということを世間に示そうとしたのかもしれない。

なお、細川氏は道鑑の子息たちも召し抱えて厚遇した。ただし、「足利」の名字はさすがに憚《はばか》られたのか、「西山」や「尾池」の名字を名乗らせている。

おわりに——足利は「尊重すべき旧王朝」

足利将軍家は義昭の死をもって事実上、滅亡した。しかし、その血胤は徳川将軍家や阿波蜂須賀氏、肥後細川氏などに庇護され、敬意の対象となることもあった。

東アジアでは「新王朝が旧王朝の一族に対し、それなりに礼遇をほどこすことを仁徳《じんとく》とみなす」という認識が存在していたという。さすれば、江戸時代において足利血胤の者が厚遇された背景にも、こういった認識があった可能性もあろう。足利は「尊重すべき旧王朝」として遇された、というわけである。

ただし、「新王朝」側としては、足利氏の存在感が過剰に露出し、現行の体制を相対化するような事態になっては不都合であった。それゆえ、徳川も蜂須賀も細川も、足利血胤の者たちが「足利」の名字を使うことは認めなかったのだろう。

【主要参考文献】

奥野高広『足利義昭』(吉川弘文館、一九六〇)
阿部能久『戦国期関東公方の研究』(思文閣出版、二〇〇六)
長谷川賢二「阿波足利氏の守札」(『朱』四九号、二〇〇六)
那賀川町史編さん室編『平島公方史料集』(徳島県那賀郡那賀川町、二〇〇六)
山田康弘『足利義輝・義昭—天下諸侍、御主に候—』(ミネルヴァ書房、二〇一九)

【さらに詳しく学びたい読者へ】

足利将軍の後裔に対する関心はけっして厚くはなく、一般書でもほとんど取り上げられない。そこで、断片的ながら、本稿の内容にかかわる情報を含む書籍として、次の三点を挙げておく。

①根津寿夫「蜂須賀家騒動—重喜の改革をめぐる君臣抗争—」(福田千鶴編『【新選】御家騒動〈下〉』所収、新人物往来社、二〇〇七)
②山田邦明編『関東戦国全史—関東から始まった戦国150年戦争—』(洋泉社歴史新書y、二〇一八)
③大倉隆二『宮本武蔵』(吉川弘文館、二〇一五)

①は、十八世紀の阿波蜂須賀氏の御家騒動について、当主重喜《しげよし》（一七三八〜一八〇一）が強制隠居に追い込まれた一因として、江戸城大奥にまで交流を広げる平島公方家との緊張関係を指摘する。石高のみでは計りきれない平島公方家の強《したた》かさが窺《うかが》われよう。
②は、享徳《きょうとく》の乱《らん》（一四五五〜八三年）から小田原合戦（一五九〇年）まで、関東における戦国動乱の展開がコンパクトにまとめられている。古河公方の歴史を、関東の政情と関連づけながら読み解くテキストにもなりうる。
③は、宮本武蔵の伝記だが、同じく細川氏の客分だった足利道鑑の経歴を簡単に紹介している。一般書としては、足利道鑑とその一族に言及した数少ない書籍である。

戦国期足利将軍関連年表

作成：山田康弘

和暦	西暦	将軍	一般事項	関連事項
応仁 元	一四六七	義政	**5月**応仁の乱が勃発する。	
文明 5	一四七三	義尚	**12月**義尚が9代将軍となる。	
9	一四七七		**11月**応仁の乱が終結する。	
長享 元	一四八七		**9月**義尚が近江六角氏を征伐すべく出陣する。	加賀一向一揆が蜂起する。
延徳 元	一四八九		**3月**義尚が近江国の陣中で死す（25歳）。	
2	一四九〇	義稙	**1月**8代将軍・義政が京都で死す（55歳）。	
			7月義稙が10代将軍となる。	
3	一四九一		**1月**義稙父の義視が京都で死す。	
			8月義稙が近江六角氏を征伐すべく出陣する。	
明応 2	一四九三		**2月**義稙が河内畠山氏を征伐すべく出陣する。	北条早雲が堀越公方足利氏を倒す。
		義澄	**4月**明応の政変が起こり、細川政元らによって義稙が将軍を廃され、義澄が11代将軍となる。	
5	一四九六		**5月**日野富子が京都で死す。	
8	一四九九		**12月**義稙が北陸から京都に迫るが、義澄を支持する細川政元に大敗し、周防国へ退く。	

9	一五〇〇	義澄	**9月**後土御門天皇が崩じ、後柏原天皇が践祚する。	
永正4	一五〇七		**6月**細川政元が京都で殺害される。	
5	一五〇八	義稙（再）	**7月**義稙が周防大内氏らの力によって義澄を近江国に追い落とし、将軍に返り咲く。	
8	一五一一		**8月**義澄が近江国で死す（32歳）。	
大永元	一五二一		**3月**義稙が細川高国と対立し、京都を退く。	コルテスがアステカ帝国を占領する。
		義晴	**12月**義晴が12代将軍となる。	
3	一五二三		**4月**前将軍・義稙が阿波国で死す（58歳）。	寧波の乱が起こる。
6	一五二六		**4月**後柏原天皇が崩じ、後奈良天皇が践祚する。	
7	一五二七		**2月**義晴が戦乱によって京都から近江国に退く。	
			3月義維が四国から堺に上陸し、以後、義維・義晴兄弟が畿内の覇権をめぐって争う。	
天文3	一五三四		**9月**義晴が義維を四国に追い、近江国から京都に復帰する。	イエズス会が創立される。
15	一五四六	義輝	**12月**義輝が13代将軍となる。	
19	一五五〇		**5月**前将軍・義晴が近江国で死す（40歳）。	ザビエルが京都に赴く。
22	一五五三		**8月**義輝が三好長慶に大敗し、京都から近江国に退く。	

弘治 3	一五五七	義輝	**9月**後奈良天皇が崩じ、正親町天皇が践祚する。	
永禄 元	一五五八		**12月**義輝が近江国から京都に復帰する。以後、義輝は諸大名間の和平調停をしばしば行う。	英でエリザベス一世が即位する。
8	一五六五		**5月**義輝が三好義継・松永久通らによって京都の将軍御所で殺害される（30歳）。	
11	一五六八	義栄	**2月**義栄が14代将軍となる。	
		義昭	**10月**義昭が織田信長とともに上洛し、15代将軍となる。この直後に義栄が死す（33歳）。	
天正 元	一五七三		**7月**義昭が信長に反旗を翻すも敗北し、信長によって京都を追放される。	武田信玄が死す。また越前朝倉氏・近江浅井氏が信長に滅ぼされる。
4	一五七六		**2月**義昭が毛利氏のもとに参り、信長包囲網を形成する。	
10	一五八二		**6月**本能寺の変によって信長が死す。	天正遣欧使節が出発する。
14	一五八六		**11月**正親町天皇が退位し、後陽成天皇が践祚。	
15	一五八七		**12月**義昭が毛利氏のもとを離れ、豊臣秀吉に臣従すべく大坂に参礼する。	
16	一五八八		**1月**義昭が出家し、准三宮となる。	
慶長 2	一五九七		**8月**義昭が大坂で死す（61歳）。	慶長の役が始まる。

執筆者・編者紹介（五十音順）

浅野友輔　あさの・ゆうすけ
一九八八年、茨城県出身。上智大学大学院文学研究科史学専攻博士前期課程修了。現在、上智大学史資料室臨時職員。「戦国期の石見における地域秩序と大名・国衆」（戦国史研究会編『戦国期政治史論集　西国編』岩田書院、二〇一七年）、「戦国期大名・国衆間の対京都交渉の展開―大内氏・毛利氏の官途獲得周旋―」（『人民の歴史学』二一八号、二〇一八年）ほか。

小川　雄　おがわ・ゆう
一九七九年、神奈川県出身。日本大学大学院文学研究科博士課程満期退学。博士（文学）。現在、日本大学文理学部助教。『徳川権力と海上軍事』（岩田書院、二〇一六年）、「足利将軍家の秩序を破壊した織田信長」（関幸彦編『悪の日本史　日本編上』清水書院、二〇一七年）、『水軍と海賊の戦国史』（平凡社、二〇二〇年）ほか。

奥野友美　おくの・ともみ
一九七六年、東京都出身。東洋大学大学院文学研究科日本史学専攻博士前期課程修了。現在、練馬区立石神井公園ふるさと文化館学芸員。「戦国期禁裏小番の様相―内々衆と外様衆の検討を通じて―」（『白山史学』四三号、二〇〇七年）ほか。

神田裕理　かんだ・ゆり
一九七〇年、東京都出身。日本女子大学大学院文学研究科史学専攻博士課程後期満期退学。元京都造形芸術大学非常勤講師。『戦国・織豊期の朝廷と公家社会』（校倉書房、二〇一一年）、『戦国・織豊期朝廷の政務運営と公武関係』（日本史史料研究会、二〇一五年）、『朝廷の戦国時代―武家と公家の駆け引き―』（吉川弘文館、二〇一九年）ほか。

木下　聡　きのした・さとし
一九七六年、岐阜県出身。東京大学大学院人文社会系研究科博士課程単位取得退学。博士（文学）。現在、東洋大学文学部准教授。『中世武家官位の研究』（吉川弘文館、二〇一一年）、『室町幕府の外様衆と奉公衆』（同成社、二〇一八年）、『斎藤氏四代』（ミネルヴァ書房、二〇二〇年）ほか。

木下昌規　きのした・まさき
一九七八年、東京都出身。大正大学大学院文学研究科史学専攻。博士（文学）。現在、大正大学文学部准教授。『足利義輝』（編著。戎光祥出版、二〇一八年）、『足利義晴』（編著。戎光祥出版、二〇一七年）、「足利義輝期幕府女房衆と永禄の変―春日局と小侍従局を中心に―」（『国史学』二三〇号、二〇二〇年）ほか。

小池辰典　こいけ・たつのり
一九八四年、北海道札幌市出身。東洋大学文学部博士後期課程史学専攻在籍。「明応の政変における諸大名の動向」（『白山史学』五一号、二〇一五年）、「明応年間における足利義澄「政権」の構造に関する一考察～山内就綱の六角惣領拝命・近江入部から～」（『十六世紀史論叢』七号、二〇一六年）、「鈎の陣にみる戦国初頭の将軍と諸大名」（『日本歴史』八五一号、二〇一九年）。

浜口誠至　はまぐち・せいじ
一九八二年、三重県出身。筑波大学大学院人文社会科学研究科修了。現在、産業能率大学・自由が丘産能短期大学兼任教員。『在京大名細川京兆家の政治史的研究』（思文閣出版、二〇一四年）、『室町幕府将軍列伝』（共著、戎光祥出版、二〇一七年）、「戦国期管領の政治的位置」（戦国史研究会編『戦国期政治史論集　西国編』岩田書院、二〇一七年）ほか。

山下真理子　やました・まりこ
一九八七年、東京都出身。大正大学大学院文学研究科史学専攻博士後期課程満期退学。現在、世田谷区政策経営部政策企画課区史編さん担当・資料調査員。「天文期山城国をめぐる三好宗三の動向―山城守護代的立場の木沢長政を比較として―」（『地方史研究』三八六号、二〇一六年）、「細川晴元期京兆家の領国支配と守護職」（戦国史研究会編『戦国期政治史論集　西国編』岩田書院、二〇一七年）ほか。

〈編者〉

山田康弘　やまだ・やすひろ

一九六六年、群馬県出身。学習院大学大学院人文科学研究科博士後期課程修了。博士（史学）。現在、小山高等工業専門学校非常勤講師。専門は日本中世史。『戦国期室町幕府と将軍―』（吉川弘文館、二〇〇〇年）、『戦国時代の足利将軍』（吉川弘文館、二〇一一年）、『足利義稙―戦国に生きた不屈の大将軍―』（戎光祥出版、二〇一六年）、『足利義輝・義昭―天下諸侍、御主に候―』（ミネルヴァ書房、二〇一九年）などがある。

監　修

日本史史料研究会　にほんししりょうけんきゅうかい

2007年、歴史史料を調査・研究し、その成果を公開する目的で設立。主な事業としては、①定期的な研究会の開催、②専門書籍の刊行、③史料集の刊行、を行っている。また、一般の方々を対象に歴史講座を開講し、同時に最新の研究成果を伝えるべく、一般書の刊行も行っている。主な一般向けの編著に『信長研究の最前線』『初期室町幕府研究の最前線』(洋泉社歴史新書ｙ)、『日本史を学ぶための古文書・古記録訓読法』(刈米一志著。吉川弘文館)、『室町幕府全将軍・管領列伝』(平野明夫編。星海社新書) などがある。

＊編者のプロフィールは、「執筆者紹介」に掲載

編集協力:藤原清貴
組版:キャップス

戦国《せんごく》期《き》足利《あしかが》将軍《しょうぐん》研究《けんきゅう》の最前線《さいぜんせん》

2020年5月15日　第1版第1刷印刷
2020年5月25日　第1版第1刷発行

監　修　日本史史料研究会
編　者　山田康弘
発行者　野澤伸平
発行所　株式会社山川出版社
東京都千代田区内神田1－13－13　〒101－0047
電話　03(3293)8131(営業)
03(3293)1802(編集)
印　刷　株式会社太平印刷社
製　本　株式会社ブロケード
装　丁　黒岩二三［Fomalhaut］
https://www.yamakawa.co.jp/

造本には十分注意しておりますが、万一、乱丁・落丁本などがございましたら、
小社営業部宛にお送りください。送料小社負担にてお取替えいたします。
定価はカバーに表示してあります。

©Nihonshishiryōkenkyūkai, Yamada Yasuhiro 2020　Printed in Japan
ISBN 978-4-634-15174-1